El Poder de la Bendición Hablada

El Poder de la Bendición Hablada

Bill Gothard

Publicado por
Editorial Unilit
Miami, Fl. 33172

© 2006 Editorial Unilit (Spanish translation)
Primera edición 2006
Primera edición 2012 (Serie Bolsillo)

© 2004 por Institute of Basic Life Principles, Inc.
Originalmente publicado en inglés con el título:
Power of Spoken Blessings, The por Bill Gothard.
Publicado por *Multnomah Books*, un sello de
The Crown Publishing Group, una división de Random House, Inc.,
12265 Oracle Boulevard, Suite 200, Colorado Springs, CO 80921 USA
Publicado en español con permiso de Multnomah Books, un sello de
The Crown Publishing Group, una división de Random House, Inc.
(This translation published by arrangement with Multnomah Books,
an imprint of *The Crown Publishing Group*, a division of Random
House, Inc.)

Todos los derechos de publicación con excepción del idioma inglés
son contratados exclusivamente por GLINT, P O Box 4060, Ontario,
California 91761-1003, USA.
(All non-English rights are contracted through: Gospel Literature
International, P O Box 4060, Ontario, CA 91761-1003, USA.)

Reservados todos los derechos. Ninguna porción ni parte de esta obra
se puede reproducir, ni guardar en un sistema de almacenamiento
de información, ni transmitir en ninguna forma por ningún medio
(electrónico, mecánico, de fotocopias, grabación, etc.) sin el permiso
previo de los editores, excepto en el caso de breves citas contenidas en
artículos importantes o reseñas.

Traducción: Dr. Andrés Carrodeguas

El texto bíblico ha sido tomado de la versión Reina Valera © 1960
Sociedades Bíblicas en América Latina; © renovado 1988 Sociedades
Bíblicas Unidas. Utilizado con permiso. Reina-Valera 1960® es una
marca registrada de la American Bible Society, y puede ser usada
solamente bajo licencia.

Producto 499128
ISBN 0-7899-2012-3
ISBN 978-0-7899-2012-6

Impreso en Colombia
Printed in Colombia

Categoría: Vida cristiana /Relaciones /General
Category: Christian Living /Relationships /General

Contenido

Capítulo Uno
 Evidencias del poder 7

Capítulo Dos
 El poder de un nombre 17

Capítulo Tres
 El subestimado poder de nuestras palabras 27

Capítulo Cuatro
 El poder de las palabras de Dios 39

Capítulo Cinco
 Nuestra bendición modelo 55

Capítulo Seis
 Bendecir a nuestros hijos 71

Capítulo Siete
 Bendecir a nuestros enemigos 85

Capítulo Ocho
 Bendecir a Dios 99

 Un testimonio 105
 Apéndice 109
 Notas 111

Capítulo
UNO

Evidencias
del poder

Después de catorce años, su matrimonio había llegado a un punto muerto.

No es que hayan estado discutiendo, peleando o ignorándose. Seguían siendo una pareja profundamente identificada. Y sin embargo... después de catorce años, habrían esperado que entre ellos hubiera algo más. ¿Dónde estaba ese nivel más elevado y profundo de unión espiritual entre ellos? Sencillamente, no estaba presente, y ambos lo sabían.

Así que intentaron algo nuevo.

Comenzaron a bendecirse mutuamente —diciéndose en voz alta palabras de bendición— al comenzar cada nuevo día.

Eso pasó hace más de un cuarto de siglo. Hoy, Bill y Dorothy Jean le dirán que, bendiciéndose uno a otro todos los días, han desarrollado una extraordinaria intimidad de corazón, alma y mente. Sus conversaciones matutinas son ricas e inspiradoras, y el poder de Dios se hace evidente para ellos a lo largo del día, a partir de las bendiciones que cada uno de ellos dio y recibió al salir el sol.

Es posible que muchos no nos podamos imaginar a nosotros mismos bendiciendo a alguien de esta forma con nuestras palabras. Nos imaginamos que la situación sería algo incómoda, en el mejor de los casos. Además, si decidiéramos intentarlo, ¿sabríamos al menos cómo hacerlo? Solo con pensar en hallar las palabras apropiadas nos entran deseos de no hacerlo.

Ahora bien, ¿cuáles son las consecuencias de ese «no hacerlo»? ¿Qué nos podríamos estar perdiendo? ¿Qué pasaría si pudiéramos conectarnos con todo un almacén celestial de poder, aliento y gozo perdurable para nosotros mismos, para nuestros seres amados, e incluso para nuestros adversarios?

En realidad, podemos hacerlo.

Una primera bendición

Después de la clausura de un seminario reciente sobre el ministerio, se me acercó una adolescente para decirme que quería hablar conmigo. Estaba bajo supervisión de los tribunales y había tenido varios encuentros con la ley. Yo la aconsejé y oré con ella.

Más tarde me escribió esta nota:

> «Usted me ayudó a ver que necesitaba entregarle a Dios mi voluntad, pero después oró también, y en su oración me bendijo. Aquella era la primera vez que me bendecían. Esa bendición me ha alentado a vivir a la altura de lo que usted dijo. Mi vida ha tomado un drástico giro de ciento ochenta grados. Estoy asombrada ante lo que Dios dijo realmente en su Palabra. Nunca había tenido una comprensión tan clara como la que tengo ahora cuando se trata de leerla».

Terminaba diciendo: «La bendición que usted me dio fue la que comenzó todo esto, y no sé de qué manera agradecérselo».

Las oficinas de nuestro ministerio reciben una carta tras otra con historias semejantes a esta.

Vidas, matrimonios y familias enteras que están experimentando una mayor profundidad en sus relaciones y recibiendo nuevo aliento espiritual cuando seguimos enseñando lo importantes que son las bendiciones habladas. En un nivel más profundo aun, hemos estado recibiendo relatos sobre las formas en que estas bendiciones habladas han anulado los atormentadores recuerdos y opresiones producto de maltratos verbales del pasado.

La maldición de un abuelo

Cada vez que Alicia pensaba en su abuelo, le venía a la mente una escena violenta y dolorosa. Tenía diez años, y había estado tratando de consolar a su madre, que había recibido serias quemaduras en un fuego en su casa. Su abuelo entró al cuarto y le lanzó una mirada llena de odio y de repugnancia. Fue hasta donde estaba ella, la arrancó en peso de la cama y la lanzó hasta un sofá que estaba al otro lado del cuarto.

Conmocionada aún por este ataque a su persona, Alicia sentía entonces el azote de sus amargas palabras: «Nunca vas a servir para nada más que para ser una cualquiera». Eran palabras que la mente de una niña de diez años no podía comprender, pero era imposible que no comprendiera el odio y el desprecio.

¿Por qué un abuelo era capaz de lanzarle un veneno tan mortal a su nieta de diez años? Porque para él, ella representaba la vergüenza que su hija había hecho caer sobre la familia, al dar a luz sin estar casada. Para empeorar las cosas, el padre de Alicia pertenecía a otro grupo étnico, realidad que se hacía obvia con solo contemplar los rasgos físicos de la pequeña.

Durante toda su niñez y su adolescencia, Alicia continuó cargando con las maldiciones movidas por la vergüenza causada por la inmoralidad de su madre. Cada vez que se burlaban de ella o la ridiculizaban, resonaban potentes en su mente las dolorosas palabras de su abuelo. Torturada con el temor de que la volvieran a rechazar, la ansiedad con respecto a su futuro comenzó a consumir todos sus pensamientos. Cuando por fin se casó, llevó su torbellino emocional a esta nueva relación, y muchas veces se sentía enojada y frustrada con su esposo y sus hijos.

Entonces, un día halló una forma de resolver la angustia y el rechazo de tantos años pasados. Era tan sencilla, que se asombró de no haberla llegado a conocer antes. También su esposo se quedó maravillado. Notó que el tono de voz de ella se había vuelto más lleno de entusiasmo, y que ya no era dura con sus hijos.

¿Qué había hecho Alicia? Bendijo con sus palabras al abuelo que la había herido tan profundamente, y a los demás que la habían «maldecido» a lo largo de los años. Y con la misma rapidez que lo hacía, aquella dolorosa angustia se iba desvaneciendo en su corazón.

Pocos días después, tuvo la oportunidad de experimentar algo parecido con otra persona; esta vez se trataba de su suegro. Ella y su esposo estaban hablando con él por teléfono, pidiéndole consejo sobre una situación que tenían en su vida. En el transcurso de la conversación, él reaccionó ante su necesidad con palabras y nombres poco amables, que la hicieron sentirse devastada. Sus manos temblaban cuando colgó el teléfono. Todos los viejos sentimientos de odio y de rechazo comenzaron a aflorar de nuevo en su corazón.

Entonces recordó el secreto que había descubierto poco tiempo atrás. Levantó la mano y bendijo con sus palabras a su suegro. De inmediato dejó de templar, y la paz volvió a su atribulado corazón.

Y EL QUE RECIBE

Además del efecto positivo que tiene la bendición en la persona que la pronuncia, muchos testifican también acerca de los notables efectos que tiene en la vida de quienes reciben esas palabras.

A una madre soltera ya no le quedaba forma alguna de tratar a su hijo adolescente rebelde. Le había probado la paciencia hasta el límite, y al hacerlo, había despertado actitudes negativas en el resto de sus hijos.

No veía de qué manera se podrían acabar la confusión y la tensión. Trató de razonar con él y les pidió a otras personas que lo aconsejaran. Lo envió a campamentos y a conferencias. Nada daba resultado.

Cuando se le recordó de nuevo que los hijos tienen una crítica necesidad de recibir elogios, consiguió un libro que identifica y explica diversas cualidades básicas de la personalidad. Rebuscando entre sus páginas, no pudo encontrar una sola cualidad que pudiera decir sinceramente que era evidente en la vida de su hijo. Sin embargo, lo que sí vio en el libro, fue un gran número de cualidades que creía que Dios quería desarrollar en él.

Entonces conoció el poder de las bendiciones habladas. Un día, cuando sus hijos estaban peleando entre sí de nuevo, los interrumpió y le dijo a su conflictivo hijo: «Te quiero dar una bendición». Él reaccionó de inmediato y le dijo: «No quiero que me bendigas». Eso no la detuvo. Recordó algunas de las cualidades que creía que Dios quería cultivar en la vida de él, y después dijo estas palabras, convirtiéndolas en una bendición hablada: *«Padre, te pido que bendigas a mi hijo con sabiduría y comprensión, y con bondad y compasión. Te pido que le des a conocer tu amor, tu paz y tu gozo, en el nombre de Jesús».*

No hubo ninguna reacción de burla ni de sarcasmo. Su hijo se limitó a mascullar una respuesta.

Lo siguió bendiciendo en los momentos adecuados, tanto a él como a sus demás hijos. Al cabo de unas pocas semanas, la actitud de su hijo cambió por completo, y con ella la atmósfera de su hogar.

Estos notables cambios en la actitud y en la paz mental todo lo que hicieron fue cumplir las palabras de la bendición hablada. ¿Cambian realmente las cosas esas bendiciones habladas? Y si lo hacen… ¿*por qué* son tan poderosas?

Ese es el tema de este libro.

TOME LA DECISIÓN

¿Qué expectativas tiene usted para este libro? ¿Qué quiere que haga Dios por usted mientras lo lee? Lo más probable es que se sienta ansioso de que Él lo ayude a convertirse en una persona cuya vida les lleve continuamente palabras de bendición a los demás.

Si es así, decídase ahora mismo a expresarlo en una sincera oración dirigida al Señor. Pídale que ponga a su Espíritu Santo totalmente a cargo de esta experiencia de aprendizaje que usted quiere, y produzca exactamente lo que Él quiere realizar en su vida por medio de este libro.

Capítulo DOS

EL PODER DE UN NOMBRE

«¡Tú nunca vas a servir para nada!»

Aquellas palabras resonaban en los oídos de Ralph y se repetían como un eco en su alma. Su padre lo había atacado una y otra vez con esa acusación a lo largo de los años. Nada de cuanto él hiciera desde que era pequeño parecía ser lo suficientemente bueno para su padre, hombre estricto y perfeccionista. Por mucho que se esforzara, nunca lograba conseguir de él una aprobación total.

Al crecer, Ralph le cerró por completo su espíritu a su padre. Fue su forma de decirle: «Yo voy a hacer que te arrepientas de haberme herido, y te voy a apartar de mi vida de tal forma que no me puedas volver a herir».

Sin embargo, siendo ya un joven, aprendió a bendecirlo, aunque aquello no parecía producir cambio alguno en la vida o las actitudes de aquel hombre.

Mucho más tarde, un médico sorprendió a su padre con el diagnóstico de un cáncer mortal. Al darse cuenta de que moriría pronto, se le ablandó el corazón. Rompió a llorar y le pidió a su hijo que lo perdonara por todo el daño que le había hecho. Pronto creyó en Cristo y vivió el resto de sus días transformado, y disfrutando de la comunión con su hijo.

La historia de Ralph indica que las bendiciones que demos no siempre producirán un cambio instantáneo en la persona que bendigamos. Sin embargo, aquella bendición sí liberó a Ralph de la amargura que sentía contra su padre y permitió que Dios lo tratara a su manera y en su momento. Esto es lo que Dios prometió hacer: «Bendecid a los que os persiguen […] Mía es la venganza, yo pagaré, dice el Señor» [1].

Una bendición inesperada para unos nuevos padres

Un buen ejemplo de alguien que estaba bien preparado para bendecir a otros con sus palabras es Simeón, en el evangelio de Lucas. Su vida estaba marcada, no solo por una inagotable esperanza en el Mesías que vendría, sino también por su justicia y su entrega a Dios[2]. Más importante aun es que tenía una experiencia personal de la presencia y el poder del Espíritu Santo. Vivía en Jerusalén, y un día el Espíritu guió sus pasos hacia los pasillos del gran templo. Allí vio una pareja con un niño recién nacido, que iba en busca de los ritos acostumbrados para la consagración de su primogénito a Dios.

Imagínese la sorpresa de aquellos padres cuando el anciano Simeón se les acercó, resplandeciente con el fuego y el afecto del Espíritu, y tomó en sus brazos a su pequeñuelo. Lucas nos dice que entonces, Simeón «bendijo a Dios» con unas hermosas palabras de elogio para aquel niño, en las cuales lo describía como la salvación de Dios, la luz de las naciones y la gloria de Israel.

Sí; el pequeñuelo era Jesús, y cuando José y María oyeron la forma en que Simeón elogiaba a aquel niño, «estaban maravillados de todo lo que se decía de él»[3]. Observe qué fue lo que sucedió después. Volviéndose hacia aquellos nuevos padres, «los bendijo Simeón».

He aquí un hombre entregado a Dios, lleno del Espíritu y que caminaba en el Espíritu; un hombre que había centrado su vida en Jesús (porque el Espíritu le había revelado «que no vería la muerte antes que viese al Ungido del Señor»[4]). A partir de estas realidades espirituales, surgió de su interior una bendición para María y José, dos personas que en aquella época tan extraordinaria y estimulante de su vida, seguramente deben haber apreciado cuanta bendición pudieran recibir.

Todas esas realidades espirituales —la entrega a Dios, la dependencia del Espíritu Santo y el hecho de estar centrado en Cristo— deben ser unas vibrantes realidades también en usted y en mí. Y a medida que se vayan haciendo cada vez más ciertas para nosotros, iremos experimentando mayor libertad y estaremos más dispuestos a aprovechar de inmediato las oportunidades que se nos presenten para bendecir a los demás, tal como hizo Simeón.

Y, ¿quién podría comenzar siquiera a decir la cantidad de gozo, poder y libertad que esas bendiciones pueden traer a su mundo?

LA FUENTE DESBORDANTE

Si nos centramos en cada una de las tres formas en que Dios se nos revela —como Padre, Hijo y Espíritu Santo—, comprenderemos mejor de qué manera las bendiciones se derraman sobre nuestra propia vida con una plenitud tal, que se desbordan hasta tocar a otras personas.

Cuando cantamos el himno que dice «Alabad a Dios, de quien fluyen todas las bendiciones», nuestras palabras son totalmente ciertas. Una y otra vez, las Escrituras señalan hacia Dios Padre como el manantial de una constante corriente de bendición que se dirige hacia nosotros. Pero el conocimiento que tenemos de lo que esa bendición significa realmente se amplía de forma drástica cuando nos damos cuenta de que nuestro propio Creador experimenta y disfruta Él mismo de ella, en un grado incomparable. Nuestro Padre del cielo es el «*Dios bendito*»[5] y «el *bienaventurado* y solo Soberano»[6], y es «*bendito* por los siglos»[7]. Y de esa propia bendición suya, fluyen hacia nosotros las nuestras.

Al prometer la mayor manifestación de ese fluir, Dios iguala la bendición suya que es el Espíritu Santo derramado sobre su pueblo sediento, con la lluvia sobre el ardiente suelo del desierto: «Porque yo derramaré aguas sobre el sequedal, y ríos sobre la tierra árida; mi *Espíritu* derramaré sobre tu generación, y mi *bendición* sobre tus renuevos»[8]. Así como sucede con Dios Padre, también el bendito Espíritu Santo está plena y estrechamente involucrado en las bendiciones que recibimos.

El maestro de bendición

Pero en especial es en Jesucristo, el Hijo de Dios, en el que los seres humanos aprendemos y experimentamos más acerca de las bendiciones. Jesús, quien «anduvo haciendo bienes»[9], trajo bendiciones a la tierra en todo cuanto hizo y dijo. Estuvo bendiciendo con sus palabras a los demás hasta su último minuto sobre la tierra, cuando se reunió con sus discípulos en el monte de los Olivos, antes de ascender a los cielos: «Y alzando sus manos, los bendijo. Y aconteció que bendiciéndolos, se separó de ellos, y fue llevado arriba al cielo»[10].

Muchos siglos antes de esto, el salmista había clamado a Cristo, alabando la bienaventuranza del

Mesías: «La gracia se derramó en tus labios; por tanto, Dios te ha bendecido para siempre»[11]. Pudo ver en el futuro que el Cristo pronunciaría palabras de bendición con unos labios repletos de gracia, y que esas bendiciones fluirían desde su propia conciencia de que Dios lo estaba bendiciendo para siempre.

Este pasaje no solo exalta a Jesús de una forma única, sino que también señala la conexión ininterrumpida que hay entre el concepto de gracia y el de bendición. Al principio del evangelio de Juan se nos dice que Jesús está «lleno de gracia y de verdad»[12], y de igual manera nosotros podríamos decir que está lleno de *bendición* y de verdad. Varios versículos más tarde leemos que «de su plenitud tomamos todos, y gracia sobre gracia»[13], o «bendición sobre bendición», como traducen algunas versiones. La asombrosa gracia que tenemos en Cristo también significa una asombrosa bendición. Y cuando Él se lanzó a su ministerio en la tierra, tanto sus palabras como sus acciones fueron una corriente continua de bendiciones como nada que se haya visto u oído jamás. Por ejemplo, en las frases iniciales del sermón del Monte, habló de la bendición de una forma que expandió su significado a nuevas dimensiones para la gente de aquellos tiempos… y de los nuestros.

No hay duda: la *bendición* estaba muy presente en la mente de Jesús. Él era el Maestro de bendición, y sigue siéndolo.

En todo cuanto hace por nosotros momento tras momento, tanto en su calidad de Sumo sacerdote celestial que intercede por nosotros, como Aquel que habita dentro de nosotros para realizar su obra en nuestra vida, Jesús nos sigue bendiciendo. Cada día y a cada hora, en cada situación y en cada relación, siempre se nos puede aplicar lo que dice Pablo acerca de Él al principio de su epístola a los Efesios: Nuestro amante Padre «nos bendijo *con toda bendición espiritual* en los lugares celestiales en Cristo»[14]. El hecho de que hayamos sido bendecidos de esa forma es el motivo de que nosotros podamos bendecir a otros.

¡Piénselo! No solo podemos recibir ese aliento del cielo cargado de gozo que nos levanta la vida, sino que podemos *encauzar* realmente esa poderosa corriente de bendición hacia el corazón de otros. Como el trabajador que tiene en sus manos el control de un canal, podemos abrir las compuertas para permitir que el fuerte río de la gracia de Dios corra a través de nosotros cuando bendecimos a las personas en su poderoso nombre.

El poder del nombre

O sea, que vemos que el poder de las bendiciones que pronunciamos fluye en primer lugar desde la abundancia de bendición que tiene nuestro propio Creador, y de su sabia y amorosa intención de bendecir a sus hijos con todo aquello que sea realmente para nuestro mejor bien. Cuando verbalizamos una bendición dirigida a otros, tenemos el privilegio de participar en el encauzamiento de la bondad de Dios hacia ellos, y de dirigirlos hacia la voluntad del Señor.

Por eso nuestras bendiciones más fuertes a los demás se producen cuando invocamos el poderoso nombre de Dios, porque ese nombre denomina su personalidad, su carácter, su voluntad y su amoroso anhelo de bendecir a toda la creación. Entonces, las bendiciones más poderosas son las que comienzan cuando sencillamente, pronunciamos su nombre: «El Señor te bendiga…».

Cuando centramos nuestra vida en Cristo y permitimos que su Espíritu nos controle, sentimos el anhelo de hacer cuanto podamos por aquellos a quienes más amamos; les queremos dar los dones más elevados y mejores que podamos. Y no hay nada más elevado ni mejor que la bendición de Dios. Es una gracia realmente asombrosa que Dios nos permita ser instrumentos suyos para encauzar sus bendiciones hacia la vida de ellos.

> ## TOME LA DECISIÓN
>
> Dios lo ha preparado para que sea un canal de bendiciones pronunciadas a favor de otros, ¿no es así? Piense en la forma tan abundante en que ha derramado su gracia en la vida de usted.
>
> Por cansado que se sienta, o por ocupado que esté, tome la decisión de dedicar un tiempo de concentración en el primer momento que tenga disponible durante el día o esta misma noche, para darle gracias y alabarlo por la rica abundancia de bendiciones que ha derramado sobre su vida. Sea tan concreto como pueda en cuanto a aquellas cosas por las cuales le da gracias. Deleite el corazón de Él cuando le manifieste su gratitud.
>
> Y con una alabanza genuina, háblele acerca de lo que su *Nombre* significa realmente *para usted* en cuanto a su personalidad, su carácter, su voluntad y el anhelo de bendecir que lleva en el corazón.

Capítulo TRES

EL SUBESTIMADO PODER DE NUESTRAS PALABRAS

Un día de 1874, llegó a un campamento gitano situado en un lugar llamado Epping Forest, en Inglaterra, un carruaje que llevaba dentro a dos estadounidenses. Aquellos dos hombres estaban acostumbrados a estar rodeados por grandes multitudes en la cercana ciudad de Londres, porque eran nada menos que el famoso evangelista Dwight L. Moody y su ayudante encargado de la música, Ira Sankey.

Sin embargo, de acuerdo con las convenciones sociales que prevalecían en aquellos tiempos, los gitanos no podían esperar que se les recibiera bien en las reuniones de evangelización que estaban celebrando aquellos dos hombres. Por consiguiente, Moody y Sankey fueron hasta ellos para llevarles el Evangelio.

Cuando los dos hombres se detuvieron y comenzaron a hablar con algunos de los gitanos, un grupo de niños se reunió junto al carruaje. Ira Sankey extendió el brazo y le tocó la cabeza a uno de ellos. «Que el Señor te haga predicador, hijo».

No obstante, la posibilidad de que aquello llegara a ser cierto parecía muy oscura en el mejor de los casos. El niño, cuya madre había muerto unos años antes de viruela, apenas sabía leer y ni siquiera era cristiano todavía, aunque su padre había recibido hacía poco tiempo la fe en Cristo.

Quince años más tarde, Ira Sankey estaba viviendo en Brooklyn cuando un joven evangelista británico que comenzaba su carrera llegó a Nueva York en su primera visita al continente americano. Pronto se lo presentaron a Sankey, quien lo llevó a pasear en un carruaje.

Cuando pasaban por el parque Prospect, de Brooklyn, el evangelista le preguntó a Sankey acerca de las reuniones con Moody en Londres años antes, y si se acordaba de haber ido a visitar un campamento de gitanos. Sankey le contestó que sí se acordaba.

—¿Recuerda usted que unos cuantos gitanitos estuvieron allí de pie junto a la rueda —le dijo entonces el evangelista—, y que usted, inclinándose, le puso la mano en la cabeza a uno de ellos y le dijo: "Que Dios te haga predicador, hijo"?

—Sí, también recuerdo eso.

—Yo soy ese muchacho.

¡Sankey estaba desbordante de gozo! Y aquel evangelista británico, que pronto sería conocido en el mundo entero como «El gitano Smith», siguió adelante con su ministerio, que duró cerca de setenta años, influyendo sobre millones de vidas. Para el gitano Smith, las palabras que Sankey pronunció aquel día desde el carruaje se convirtieron en la proclamación perdurable de una bendición.

«AQUÍ ESTOY...»

Era cierto en el siglo XIX y sigue siendo cierto hoy: Nuestras palabras tienen un poder increíble.

No hace mucho, un pastor de jóvenes se presentó ante la congregación un domingo por la mañana para relatar lo siguiente: «Cuando yo era adolescente, me solía sentar al fondo de esta iglesia sin que me interesaran mucho Dios y la Biblia. Un día, el pastor auxiliar me llamó aparte y me dijo que Dios le había indicado que orara por mí. También creía que Dios me estaba llamando para que fuera pastor de jóvenes.

»En aquellos momentos, no había pensado siquiera en ser pastor de jóvenes, ni me interesaba tampoco. Tenía otros planes. Pero sus palabras permanecieron en mí, y Dios me cambió el corazón. Fui a la escuela bíblica y ahora... aquí estoy».

¿Por qué siento tanta pasión acerca del poder de las palabras; del poder de las bendiciones habladas? Porque tengo mi propia historia que relatar.

Cuando tenía unos diez años de edad, un día estaba remando en un lago con otro muchacho del vecindario. Él no era creyente, y allí en el bote, yo comencé a explicarle cómo hacerse cristiano. Él no pareció tener interés alguno en aquello. Mis esfuerzos parecían inútiles.

Sin embargo, unos pocos días más tarde, mi padre me dijo: «Billy, supe que le testificaste a tu amigo en el lago». Yo me preguntaba cómo lo había sabido, porque yo no se lo había mencionado a nadie. Al parecer, el muchacho se lo dijo a su madre, que a su vez se lo debe haber dicho a mis padres.

«Sí», le respondí a mi padre.

Entonces él me dijo: «Eres un verdadero ganador de almas».

Yo sabía que lo que más amaba mi padre era llevar personas a los pies de Cristo, así que con aquella descripción me sentí honrado desde la coronilla hasta la suela de los zapatos. También sabía que no me la merecía, puesto que en realidad no había guiado a aquel muchacho para que recibiera la salvación. Recuerdo claramente que pensé: *No me merezco ese título, pero si sigo creciendo en el Señor, tal vez algún día sí me lo merezca.*

Las palabras que me dijo mi padre aquel día representaron para mí un momento tan decisivo, que recuerdo con todo detalle el momento en que me las dijo. (Estábamos en nuestro auto Chrysler verde, íbamos por la avenida Hillgrove, y solo estábamos nosotros dos en el auto. Yo estaba en el asiento trasero, y aún puedo ver cómo volvió ligeramente la cabeza al hablarme por encima del hombro). Lleno de energía gracias a su declaración, comencé a buscar oportunidades para llevar a mis amigos a reuniones evangelísticas. Más tarde, en la secundaria, me fijé la meta de explicarles el Evangelio a todos los estudiantes. Después de graduarme, comencé a testificar de puerta en puerta en un pequeño poblado, y entonces, Dios me usó para llevar a Cristo a unos jóvenes miembros de una pandilla en Chicago. Todo cuanto ha brotado de mi ministerio a lo largo de los años, se remonta a aquellas sencillas palabras de bendición dichas por mi padre.

Poder de vida y de muerte

El libro de Proverbios resalta con fuerza el poder que tienen nuestras palabras. Por ejemplo, nos dice que una buena palabra lleva la alegría a un corazón lleno de ansiedad y depresión[15], y que las palabras agradables producen en el alma tanta dulzura como la salud física[16]. Escuche esta asombrosa declaración: *«La muerte y la vida están en poder de la lengua»*[17]. Nuestras palabras causan un impacto duradero, no solo para hacer daño, sino también para lograr un gran bien.

Conozco una familia cuya hija mayor se rebeló en sus años de adolescente, y terminó escapándose del hogar. Tal como ella contaba más tarde, sus recuerdos de esos años se centraban en todas las peleas con sus padres, y en la advertencia que le hacía su padre de que se iba a volver «igual» que las malas compañías hacia las cuales se sentía atraída. Ella admite que en parte, la decisión de convertir en realidad esas palabras fue la razón de su rebelión.

Mientras tanto, su hermana menor se propuso mantenerse fiel al Señor, aunque eso significara que ella la rechazara. «Desde que yo tenía cuatro o cinco años», cuenta ella, «mis padres me decían: "Lisa, tú vas a ser la misionera de nuestra familia. Dios va a hacer grandes cosas contigo en otros países"». Aquellas palabras llegaban hasta su tierno corazón, y aquellas bendiciones repetidas se fueron entrelazando con los recuerdos más fuertes que conservaba de su niñez.

Cuando por fin aquellos padres se dieron cuenta de la diferencia tan grande que había entre los recuerdos que tenían sus dos hijas, comenzaron a bendecir de manera consciente a su hija mayor. A medida que lo iban haciendo, la vida de ella también comenzó a cambiar. Hoy en día, ella y su esposo están creciendo en el Señor y sirviéndolo, tal como lo hace su hermana menor.

QUIÉNES SOMOS EN REALIDAD

Dios creó la lengua, y nos advierte gráficamente con respecto a su poder destructivo:

> Y la lengua es un fuego, un mundo de maldad [...] es un mal que no puede

ser refrenado, llena de veneno mortal. Con ella bendecimos al Dios y Padre, y con ella maldecimos a los hombres, que están hechos a la semejanza de Dios. De una misma boca proceden bendición y maldición[18].

¿Por qué tiene la lengua un poder tan devastador? Porque expresa los pensamientos y los sentimientos del corazón, y nuestro corazón es orgulloso por naturaleza, siempre dispuesto a golpear a los demás. «El hombre malo, del mal tesoro de su corazón saca lo malo; porque de la abundancia del corazón habla la boca»[19].

Nos guste o no nos guste, nuestras palabras representan lo que nosotros somos en realidad. Son la expresión viviente del corazón de la persona, de la misma forma que Jesucristo es la expresión viviente de Dios Padre y se le llama «la Palabra», «el Verbo»[20]. Por consiguiente, si Cristo, el Maestro de bendición, habita en nosotros, y su Espíritu dirige nuestros pensamientos y sentimientos, nuestro corazón rebosará con el anhelo y el propósito que tiene el Señor de bendecir, expresados con nuestras propias palabras.

Por esa razón, aunque nuestras palabras tengan un potencial tan inmenso para hacer daño, también tienen un potencial mayor aun para el bien. La luz es más fuerte que las tinieblas. Y el bien vence al mal, porque el Dios soberano, fuente de toda bendición y de todo bien, es infinitamente más poderoso que cualquier cosa creada. Una bendición hablada puede anular el efecto de cualquier maldición que se haya pronunciado.

La ira de una hija

Una hija de cierta familia tenía fama de ser una persona airada. Un día, su madre la detuvo y le preguntó por qué se había comportado como lo había hecho en cierta situación. Lo cierto era que en aquel momento en particular, ella no había estado enojada. Pero entonces, su padre se metió en la conversación, y le dijo que ella era «una persona enojada». Y eso sí que la hizo enojarse.

«Cuando él me dijo eso», recordaba después, «me sentí muy enojada y amargada con él, y salí de estampía». Recuerda que su hermana le estuvo hablando, intentando cuanto se le ocurrió para ayudarla. «Pero nada de aquello daba resultados. Yo estaba abrumada, y envuelta en mi amargura. Quería ser libre, pero no podía conseguir la libertad…

»Finalmente, después de irnos a acostar, yo seguía llorando y me seguía sintiendo muy herida.

Todo lo que pude hacer fue quedarme allí en la cama, sollozando. El cuarto parecía estar lleno de amargura y dolor. Mi hermana lo podía sentir. Entonces recordó aquello de bendecir a quienes nos maldicen, así que me dijo que eso era lo que yo debía hacer.

»Yo ya lo había pensado, pero no lo quería hacer. No estaba *dispuesta* a hacerlo. Pero cuando ella me dijo que lo hiciera, me decidí.

»Así que, acostada en mi cama, dije entre sollozos una bendición para mi padre. De inmediato me sentí libre. Todo el cuarto cambió… mi corazón estaba libre. Aquello había funcionado a mi favor. Y entonces, mi hermana me bendijo, y yo la bendije a ella, y lo hemos estado haciendo desde entonces».

Vivimos en un mundo ruidoso, lleno de los sonidos de menosprecios verbales, insultos, conversaciones baratas y faltas de respeto, e incluso maldiciones deliberadas. Dios oye todas esas cosas ofensivas, y le entristecen. Su corazón anhela escuchar el sonido de las palabras de su pueblo, de los hijos de la luz, impartiéndoles bendiciones de vida a las personas que los rodean.

No nos puede caber la menor duda en cuanto a las normas de Dios con respecto a las palabras que salen de nuestros labios. Pablo fue totalmente certero cuando escribió: «Ninguna palabra corrompida salga de vuestra boca, sino la que sea buena para la necesaria edificación, a fin de dar gracia a los oyentes»[21]. Si andamos buscando unas palabras que edifiquen a los demás y les den gracia, además de ofrecerles protección con respecto a las influencias corruptoras, no hallaremos nada mejor que una bendición hablada.

TOME LA DECISIÓN

¿Ha comprendido el poder que tienen sus palabras en la vida de los demás?

Tal vez Dios le haya traído a la mente a alguien cuyo espíritu usted haya herido con unas palabras indebidas. Si es así, confiésele esto de inmediato a Dios, y también a la persona que ha herido.

Reconozca ante Dios que usted tiene un deseo genuino de que sus palabras produzcan capacitación, consuelo y aliento en la vida de los demás. Acepte permitir que las normas divinas para nuestra conversación (Efesios 4:29) se conviertan también en suyas. Admita ante Él que esto es imposible en sus propias fuerzas, y pídale que le enseñe a apoyarse en su Espíritu para hacer este cambio en su manera de hablar. Y por fe, agradézcale la forma en que lo va a lograr.

CAPÍTULO CUATRO

EL PODER DE LAS PALABRAS DE DIOS

¿Qué hace que una bendición sea bendición? En primer lugar, tal como hemos visto, comprende una conexión vital con nuestro bendito Dios, y con sus designios de bendecir a toda la creación. Por esa razón, una bendición *en el nombre de Dios* tiene un efecto tan grande.

También hemos visto cómo se incorpora en ella la sencilla fuerza que tienen nuestras propias palabras para influir en la vida de los demás.

Y ahora, como vamos a descubrir en este capítulo, el poder de una bendición hablada aumenta también *cuando invocamos las palabras dichas por Dios mismo en las Escrituras*. Por consiguiente, las bendiciones verbales más fuertes contienen tres poderosas fuerzas: el nombre de Dios, nuestras palabras y las palabras de Dios.

Lo que Dios quiere hacer

La Biblia nos permite captar lo que Dios quiere realizar en la vida de los demás, y por medio de ella. Una vez que captemos un destello de esos anhelos suyos, podemos comenzar a reafirmar esas cosas en nuestras bendiciones.

Una señora de Arkansas cuyo matrimonio estaba en problemas, con todo un historial de adulterio, numerosas separaciones y «mucha ira, dolor y odio», habla de los significativos cambios que se produjeron en su relación cuando aprendió a bendecir a su esposo:

«Cuando deseo ver una cualidad determinada en su vida, oro acerca de ella como bendición dirigida a él. Demasiadas veces, mis pensamientos con respecto a mi esposo han sido "maldiciones", en especial por la noche antes de dormirme, repasando los sufrimientos y las heridas del día. Ahora, lo último que hago por la noche es pensar bendiciones dirigidas a él.

»Después de cerca de un mes de estar bendiciendo en mis oraciones a mi esposo, estoy comenzando a ver una diferencia en nuestro matrimonio. Su ira ha disminuido mucho, y nos estamos llevando mucho mejor. Hemos discutido y peleado mucho menos. Estoy disfrutando más de su compañía, y me parece que a él le pasa lo mismo conmigo. Somos bondadosos, serviciales y considerados entre nosotros.

»Tengo para mi matrimonio unas esperanzas que nunca antes había tenido, porque invoco todos los días el poder de Dios. Espero con ansias el día en que mi esposo me bendiga también a mí».

Al incorporar a nuestras bendiciones ciertas cualidades concretas de carácter, como hizo esta señora con su esposo, no tenemos que apoyarnos en nuestra propia lista de las cosas que desearíamos ver que cambiaran en esa persona. En lugar de esto, podemos hallar realmente las cualidades de carácter que Dios ordena y enseña que se tengan en las páginas de las Escrituras, y apoyarnos en las que el Espíritu Santo nos pone en el corazón.

De esta forma, el Señor nos va a dar gracia para que comencemos a ver a los demás como los ve él mismo, como nos enseña Pablo: «De manera que nosotros de aquí en adelante a nadie conocemos según la carne»[22], o según sugieren otras traducciones, «de acuerdo con lo que el mundo piensa», o «desde un punto de vista simplemente humano». En nuestra nueva vida en Cristo, quedamos libres de esa manera tan estrecha de considerar a los demás, y *podemos* ver cada vez mejor sus puntos fuertes, sus dones, sus debilidades y sus necesidades, y todos ellos desde el punto de vista de Dios mismo.

Dios tiene unos propósitos eternos con cada una de las personas que hay en el mundo. Quiere que todos descubramos esos propósitos y los cumplamos. Esta es la base del verdadero éxito. Mientras tanto, sus palabras son mensajes vivos y eternos que nos llegan por medio de su Espíritu y tienen que ver con todas las necesidades que una persona pueda llegar a tener jamás. Cuando bendecimos a los demás, podemos pronunciar las metas y respuestas bíblicas que Dios tiene para ellos. De esta forma, comenzaremos a impartirles el anhelo y el poder necesarios para convertir realmente *en vida esas palabras*, capacitados por la obra activa de Cristo en su vida y la fuerte ayuda del Espíritu Santo que habita en ellos.

La comprensión de las necesidades

Cuando piense en sus seres amados y en la mejor manera de comprender cómo debe orar por ellos y bendecirlos, pídale sabiduría y comprensión a Dios. A Él le encanta concedernos esa comprensión y ese discernimiento por medio de las páginas de su Palabra, y del susurro de nuestro Consejero, el Espíritu Santo.

Sin embargo, esto no es un ejercicio hecho al azar. Hacen falta tiempo y esfuerzo para hallar las promesas bíblicas y los mandatos adecuados para pronunciarlos al bendecir a otros. Mantenga la mente abierta en dirección a Dios, y mientras tanto, se puede comenzar a hacer preguntas como las siguientes:

- ¿Aman al Señor con todo su corazón, alma, mente y fuerzas?
- ¿Tienen la costumbre de disfrutar de momentos personales con Él en la oración y en su Palabra?
- ¿Confían plenamente en que Jesús es su Salvador, y en que el poder de su Espíritu habita en ellos para ser aceptados ante los ojos de Dios, en lugar de tratar de agradarlo y vivir para Él basados en su propio poder?

- ¿Están sintiendo un gozo y una paz constantes porque confían plenamente en el Señor en todo tipo de circunstancias y de pruebas?
- ¿Dependen conscientemente de los dones que les otorga el Espíritu y sirven a los demás con amor?
- ¿Caminan activamente en el poder del Espíritu como testigos ante los no creyentes que los rodean?
- ¿Tienen la costumbre de apoyarse en la dirección de Dios en su vida, de manera que puedan caminar en las buenas obras que Él ha preparado para ellos?[23]
- ¿Se someten a las autoridades dispuestas por Dios, y a la disciplina de Él para su vida?
- ¿Hay algo en su vida que compita con su caminar junto al Señor?
- ¿Qué tentaciones parecen las más atractivas para ellos?
- ¿Cuáles son los temores, sufrimientos o presiones por los que están pasando?

Todas estas necesidades, usted las puede mencionar en su oración privada por ellos, y también en una bendición verbal. Cuando usted pronuncie esa bendición, el Señor va a usar su poderoso nombre y su Palabra viva para obrar en la vida de esos seres amados.

Puede estar seguro de que lo hará.

Un marco dentro del cual construir

Una vez que ve en las Escrituras palabras, frases y conceptos a partir de los cuales considere que Dios quiere que usted ore y que los reclame para otra persona, ¿cómo los reúne para darles la forma de una bendición?

Lo cierto es que Dios ya nos ha dado en su Palabra el marco perfecto. Al final del capítulo seis del libro de Números, en el Antiguo Testamento, encontramos uno de los textos más hermosos y atractivos de toda la Biblia. Es una bendición que Dios confió a las manos de los sacerdotes de Israel para que bendijeran al pueblo.

Y puesto que, por la sangre de Cristo, todos los creyentes han sido convertidos en «sacerdocio santo, para ofrecer sacrificios espirituales aceptables a Dios por medio de Jesucristo»[24], esta bendición sacerdotal de Números 6 es ahora plenamente nuestra para que la usemos con el fin de bendecir a otros. Escuche este pasaje:

> «Jehová te bendiga, y te guarde;
> Jehová haga resplandecer su
> rostro sobre ti, y tenga de
> ti misericordia;
> Jehová alce sobre ti su rostro,
> y ponga en ti paz»[25].

En el próximo capítulo estudiaremos más de cerca estos versículos. Por el momento, reconozcamos que, al usar esta bendición sacerdotal como marco, podemos añadirle otras palabras y otros conceptos de las Escrituras. Al hacerlo, estaremos invocando el poder de Dios para que cumpla realmente lo que dicen estos textos bíblicos en la vida de la otra persona.

Reunámoslo todo

Imaginémonos que un joven que usted conoce esté luchando con el temor y la ansiedad. Usted le pide a Dios que lo guíe a los pasajes correctos, con el fin de orar por esta persona, y después use una concordancia para buscar las palabras *temor, ansiedad* y otras relacionadas. La concordancia lo dirige a versículos como estos:

- «Porque no nos ha dado Dios espíritu de cobardía, sino de poder, de amor y de dominio propio»[26].
- «En el amor no hay temor, sino que el perfecto amor echa fuera el temor; porque el temor lleva en sí castigo. De donde el que teme, no ha sido perfeccionado en el amor»[27].
- «Por nada estéis afanosos, sino sean conocidas vuestras peticiones delante de Dios en toda oración y ruego, con acción de gracias. Y la paz de Dios, que sobrepasa todo entendimiento, guardará vuestros corazones y vuestros pensamientos en Cristo Jesús»[28].

A continuación puede tomar las ideas básicas que hay en estos versículos, y colocarlas dentro del marco de la bendición bíblica de Números 6, como bendición para pronunciarla sobre su joven amigo. El resultado final podría ser algo parecido a esto:

«Que el Señor Dios te bendiga y te mantenga alejado del tormento del temor y la ansiedad. Que haga resplandecer su rostro sobre ti con poder, amor y dominio propio, y te dé gracia para echar fuera el temor por medio del perfecto amor. Que alce sobre ti su rostro

con libertad, cuando tú le digas todos los detalles de tu necesidad en una oración ardiente y llena de gratitud, y te dé la paz que sobrepasa todo entendimiento, mientras guarda tu corazón y tu mente por medio de Cristo Jesús».

Otros ejemplos de bendiciones centradas en la Palabra

Al principio mismo de su segunda epístola a los Corintios, Pablo pronuncia estas palabras de alabanza: «Bendito sea el Dios y Padre de nuestro Señor Jesucristo, Padre de misericordias y Dios de toda consolación»[29]. En el caso de alguien que esté pasando por una profunda aflicción, es posible adaptar estas palabras, combinadas con expresiones tomadas de Números 6, en una bendición hablada como la siguiente:

«Que el Dios y Padre de nuestro Señor Jesucristo, el Dios de toda consolación, consuele tu corazón y te proteja del desánimo. Que Él haga resplandecer su rostro sobre ti, de manera que tengas gozo en medio de tus tribulaciones y pruebas, y te dé gracia para reaccionar con su amor y sus buenas obras.

Que el Señor alce su rostro sobre ti con las riquezas de su gozo y su complacencia, y ponga su paz en tu corazón y en tu alma».

El apóstol Pedro escribe una bendición casi al final de su primera carta: «El Dios de toda gracia, que nos llamó a su gloria eterna en Jesucristo, después que hayáis padecido un poco de tiempo, él mismo os perfeccione, afirme, fortalezca y establezca»[30]. ¿Cómo podríamos usar este pasaje en una bendición, tal vez para fortalecer el corazón de alguien que está pasando por una grave prueba? Tal vez podríamos formar un párrafo semejante al siguiente:

«Que el Dios de toda gracia, que te ha llamado a su gloria eterna en Cristo Jesús, te bendiga y te mantenga fuerte durante estos momentos de prueba. Que Él haga resplandecer su rostro sobre ti y te dé gracia para soportar los sufrimientos por su nombre. Que alce sobre ti su rostro para perfeccionarte y, una vez terminados tus sufrimientos, te afirme, fortalezca y establezca con su paz».

En su epístola a los Romanos, Pablo escribe estas palabras de bendición con el fin de fomentar la unidad entre los creyentes:

El Dios de la paciencia y de la consolación os dé entre vosotros un mismo sentir según Cristo Jesús, para que unánimes, a una voz, glorifiquéis al Dios y Padre de nuestro Señor Jesucristo. Por tanto, recibíos los unos a los otros, como también Cristo nos recibió, para gloria de Dios[31].

Este maravilloso pasaje se podría convertir en una bendición dirigida a alguien que pueda estar luchando con el problema de sus relaciones con otros cristianos:

«Que el Dios de la paciencia y de la consolación te bendiga, manteniendo un mismo sentir entre ti y los demás creyentes. Que Él haga resplandecer su rostro sobre ti, para que puedas caminar en la comunión de su luz, y para que lo glorifiques junto con los demás creyentes en unanimidad y a una misma voz. Que el Señor te dé gracia para que recibas a los demás como Cristo te recibió a ti. Que el Padre de nuestro Señor Jesucristo alce su rostro sobre ti y té de la paz y la unidad de espíritu que lo va a glorificar a Él y va a hacer que el mundo crea que Él envió a su Hijo al mundo».

¡Qué gran estímulo! ¿Se puede imaginar que venga alguien, le ponga una mano sobre el hombro y ore por usted con estas palabras? Y recuerde... no se trata solo de unas palabras hermosas, porque invocan el poder, la gracia y la bendición del Dios omnipotente.

La variedad de las situaciones y circunstancias es interminable, pero el Señor nos guiará a todo tipo de palabras y frases de la Biblia que se pueden adaptar con facilidad para convertirlas en bendiciones. Por ejemplo, en cuanto a los que trabajan a tiempo completo en el ministerio, Pablo establece un noble modelo en la promesa que les hizo a los creyentes de Roma: «Y sé que cuando vaya a vosotros, llegaré con abundancia de la bendición del evangelio de Cristo»[32]. Se trata de una meta y una norma muy valiosas para utilizarlas hoy como bendición al enviar a los obreros cristianos en el poder y aliento de Cristo para que realicen su labor en la cosecha del Reino.

Muchos pasajes más nos proporcionan esta misma clase de ayuda en el desarrollo de bendiciones habladas. (Al final de este libro hallará una útil lista de pasajes de oración de las Escrituras que se prestan de manera especial a una adaptación para convertirlos en bendiciones dirigidas a los demás). Mientras más estudiemos y apliquemos las verdades de las Escrituras, más eficaces vamos a ser en la expresión de estas bendiciones verbales.

> ## TOME LA DECISIÓN
>
> ¿Ya se está dando cuenta de lo dinámicas que pueden ser las bendiciones habladas?
>
> En el próximo capítulo vamos a hacer un profundo y detenido estudio de la asombrosa bendición que aparece en Números 6. Esto va a exigir que usted le dedique toda su atención y su reflexión. Decídase ahora a concentrarse plenamente en este pasaje básico y pídale a Dios que lo ayude a comprender esta bendición modelo de una forma que le transforme la vida.
>
> Mientras tanto, en este capítulo que acaba de terminar, vea la larga lista de preguntas que aparecen bajo el título de «La comprensión de las necesidades». Piense en alguien cuya vida usted quiera bendecir. Con esa persona en

mente, repase esa lista de preguntas y comience a pensar en el tipo de bendición que quiere pronunciar sobre su vida. (Recuerde regresar a esta lista de preguntas cada vez que lo necesite, para que lo ayude a orientarse en su pensamiento, de manera que sea más sensible en cuanto a la forma en que puede bendecir a los demás.

Este también podría ser un buen momento para explorar unos cuantos de los pasajes que se hallan en la lista de «Pasajes bíblicos para usarlos como palabras de bendición» que hemos colocado al final de este libro. Es posible que algunos de ellos lo atraigan más que otros. Haga que se conviertan en amigos suyos para toda la vida, mientras usted lleva sus poderosas palabras a sus propias bendiciones habladas a favor de los demás.

Capítulo Cinco

Nuestra bendición modelo

~~~

Para un ser humano no hay nada que tenga mayor valor que ser bendecido por nuestro Creador y Salvador. Su bendición significa una profunda experiencia con su gracia, su bondad, e incluso su aprobación. Todo lo verdaderamente bueno que podríamos anhelar jamás en la vida, tanto para nosotros como para aquellos a quienes amamos, viene envuelto en las bendiciones que al Señor le encanta otorgarnos.

Por consiguiente, que pensamiento tan asombroso es el de que Dios esté ansioso de que usted y yo participemos en la proclamación de esas bendiciones sobre la gente que nos rodea. Por eso toma la iniciativa, ya al principio de las Escrituras, de enseñarles a los suyos cómo hacerlo.

Un modelo claro y hermoso

«Así bendeciréis a los hijos de Israel, diciéndoles…»
Esta es la clara y sencilla introducción a las poderosas palabras de bendición que hallamos al final del sexto capítulo de Números. Dios les dio estas claras instrucciones a Aarón y a los sacerdotes en el mismo momento histórico en que creó su sacerdocio, cuando el pueblo de Israel se preparaba para salir del Sinaí y cruzar el desierto hacia la Tierra Prometida. En su desbordante gracia, Dios estaba tan dispuesto a bendecir a su pueblo, que les dio a los líderes de su adoración las palabras mismas que necesitaban para bendecirlo una y otra vez.

También a usted y a mí nos entrega esas palabras. Al liberarnos de nuestros pecados por medio de su sangre, Jesús nos hizo «sacerdotes para Dios, su Padre»[33]; somos «real sacerdocio» porque somos su pueblo santo y escogido[34]. Por consiguiente, el privilegio sacerdotal de bendecir a los demás nos pertenece para que le saquemos el mayor provecho posible, y estas palabras de Números 6 son nuestro modelo e ideal.

¿Significa esto que esas palabras son una «fórmula» que debamos seguir cada vez que queramos bendecir a alguien? No; las bendiciones habladas eficaces pueden tomar una diversidad interminable de expresiones. Pero estas palabras de Números 6, inspiradas por el Espíritu, captan la esencia de lo que es la bendición. Son un regalo de valor incalculable que nos ha hecho nuestro amoroso Señor; un tesoro que no nos podemos permitir el lujo de descuidar.

En realidad, esta bendición es triple; tiene una sencilla estructura en tres partes, en la cual cada una de esas partes comienza con el nombre del Señor. Desde los comienzos de la Iglesia, el pueblo de Dios ha considerado que cada una de ellas corresponde a uno de los miembros de la Trinidad: primero el Padre (como protector nuestro), después el Hijo (como nuestro medio de gracia), y por último el Espíritu Santo (como el que sostiene nuestra paz).

A su vez, cada una de estas tres partes consta de dos frases concisas. Están expresadas de manera solemne y formal, pero resplandecen con gran calor y luz.

Lo exhorto a que se aprenda de memoria este pasaje tan breve y hermoso, frase por frase, y creo que va a sorprenderse al descubrir lo fácil que es hacerlo. Mantenga esta incomparable bendición siempre lista en el corazón, para que fluya libremente de sus labios y realice grandes cosas en la vida de las personas que lo rodean.

Veamos ahora más de cerca cada una de las seis partes que tiene la bendición.

«JEHOVÁ TE BENDIGA...»

Por supuesto, el Señor es la fuente de todas las bendiciones. Es el poderoso manantial de la bendición, y nosotros no somos más que los canales que Él utiliza para llevarla a la vida de los demás. Por eso, las bendiciones habladas más irresistibles son las que comienzan con el reconocimiento de su nombre.

Las bendiciones de Dios representan su bondad en acción, como una lluvia delicada y continua que cae sobre un suelo antes estéril. Fuimos creados para recibir esta corriente de bendición. En Génesis 1, cuando leemos que Dios creó al hombre a su propia imagen, varón y hembra, hallamos de inmediato estas palabras: «Y los bendijo Dios»[35]. Esa bendición suya es la única que hace que nuestra vida sea lo que Él quería que fuera, y no podemos sentirnos satisfechos mientras no la tengamos.

Entre las personas que nos rodean, son muchas las que claman a Dios desde lo más profundo del corazón, orando como oró Jabes: «¡Oh, si me dieras bendición!»[36]. Anhelan hallar alivio a su sequedad y su vacío espiritual, y no hay nada que pueda saciar esa sed, más que la bendición de la mano del propio Dios.

«Y TE GUARDE...»

Cuando Jabes clamó al Señor para pedirle su bendición, también le pidió de manera concreta que lo protegiera del mal, y de todo daño[37]. El Señor «nos guarda» cuando nos aparta y protege del pecado, y de nuestro enemigo el diablo, tal como Jesús le pidió para sus seguidores en su oración: «No ruego que los quites del mundo, sino que los guardes del mal»[38]. El propio Dios es Aquel «que es poderoso para guardaros sin caída»[39].

El verbo *guardar* es una palabra cálida y consoladora. Guardamos las cosas que atesoramos. Las escondemos, lejos de todo daño posible, porque son valiosas y preciosas para nosotros. La palabra hebrea usada aquí habla de guardar, proteger y rodear con un cerco para dar seguridad.

Conmueve pensar que el Señor quiera guardarnos bajo su cuidado, por considerarnos su tesoro exclusivo y especial. Y es un gran privilegio el que podamos hacer que una bendición así descienda sobre otra persona.

Muchas veces, la obra protectora del Señor al «guardarnos» es una tarea que Él les encomienda a sus ángeles: «Pues a sus ángeles mandará acerca de ti, que te guarden en todos tus caminos»[40].

¿Conoce creyentes que se hallen frecuentemente en contacto con tentaciones y con oposición espiritual a causa de su labor o su ministerio? Puede animar y fortalecer de una manera especial a esas personas al ofrecerles la bendición hablada que les brinda la guarda protectora de Dios.

«JEHOVÁ HAGA RESPLANDECER SU ROSTRO SOBRE TI...»

La segunda parte de la bendición sacerdotal tiene por propósito hacer conscientes a los demás del hecho de que Dios sonríe sobre su vida con una sonrisa que disipa las tinieblas y atraviesa la melancolía más profunda. Inunda nuestra alma como la luz del sol donde se abre al fin una ventana que ha permanecido mucho tiempo cerrada.

De la misma manera que los seres que crecen necesitan la luz del sol para poder sobrevivir, tampoco la vida espiritual puede crecer ni prosperar sin ese resplandor que procede del rostro de Aquel que es Él mismo la Luz[41].

Gracias a la presencia de Cristo en nosotros, el deslumbrante resplandor del rostro del Señor penetra hasta lo más profundo de nuestro ser, tal como lo explica Pablo: «Porque Dios, que mandó que de las tinieblas resplandeciese la luz, es el que resplandeció en nuestros corazones, para iluminación del conocimiento de la gloria de Dios en la faz de Jesucristo»[42]. Por eso no es de extrañarse que se diga de Jesús, nuestro Salvador, que es «el Sol de justicia»[43] y «la luz verdadera, que alumbra a todo hombre»[44]. Su luz es un agradable calor que llega hasta los rincones y las grietas más oscuras de nuestra vida. Esta luz nunca resplandece más en nuestra vida, que cuando confiamos verdaderamente en Dios en medio de nuestras pruebas y tribulaciones. Es como el rayo de luz de un faro, que resplandece en medio de un cielo oscuro y tormentoso. Los que conocen las pruebas que estamos pasando pueden ver nuestro rostro radiante y nuestra esperanza mientras las soportamos, y los bendice darse cuenta de que la única explicación que puede haber para esto es Dios mismo.

«Y TENGA DE TI MISERICORDIA...»

La luz solar que resplandece en el rostro del Señor abre el camino para que su gracia se derrame en nuestra vida. Como vimos antes, la realidad de la bendición y la bienaventuranza está estrechamente entretejida con el concepto bíblico de la gracia. Las bendiciones fluyen de la gracia y la bienaventuranza es siempre consecuencia de ella.

Por medio de la gracia de Dios en Cristo, no solo experimentamos la salvación, sino también el anhelo y el poder necesario para cumplir con la voluntad divina. Su gracia es también la que nos da los dones espirituales, esos dones destinados a convertirse en una fuente de ayuda y esperanza para los demás, si nosotros no los descuidamos ni hacemos mal uso de ellos.

En el Nuevo Testamento se nos enseña que nuestras palabras les deben «dar gracia a los oyentes»[45]. Conceder verbalmente la bendición de la gracia divina es una forma fuerte y eficaz de lograrlo.

¿Conoce creyentes cuya vida parece nublada por las luchas y por unas cargas demasiado pesadas para que las puedan soportar? Bendígalos con la bendición de la luz y la gracia del Señor, y Él mismo llevará esas cargas nuestras y nos dejará en su lugar su resplandeciente gozo.

«Jehová alce sobre ti su rostro...»

En la parte final de la bendición sacerdotal hay una expresión bíblica que tiene el significado de centrar por completo la atención, tanto visual como mental, en alguien y de una manera favorable. «Alzar el rostro» hacia alguien es volverse hacia esa persona para establecer contacto visual con ella. Esto implica cercanía y conexión de espíritus.

Lo más probable es que usted haya experimentado esto con algún amigo íntimo, o tal vez con su cónyuge. Tiene en el corazón algo que quiere compartir, y cuando levanta la mirada hacia su amigo, lo encuentra totalmente absorto en lo que usted le está diciendo. Al mirarle a los ojos, capta su interés, su calor y su preocupación, y no aburrimiento, impaciencia o distracción. Es un gran don disfrutar de la atención plena y compasiva de alguien. Es una gran bendición tener amigos que nos *escuchen* de verdad.

Eso es lo que experimentamos usted y yo cuando Dios levanta su mirada y la dirige hacia nosotros. La permanencia de su Espíritu Santo en nuestro interior es la forma más intensa e íntima que Él tiene de establecer y mantener esta conexión constante con sus hijos de la tierra. En el Espíritu, tenemos al Señor centrado en nosotros sin fallarnos jamás, dedicado a enseñarnos, guiarnos y darnos ánimo.

«Y PONGA EN TI PAZ»

La paz es el aspecto final de la bendición sacerdotal. El vocablo hebreo usado aquí es *shalom*, palabra con un significado mucho más amplio que nuestra palabra *paz*. En *shalom* se incluyen la integridad personal, la salud, la seguridad, la serenidad, el bienestar y el contentamiento, además de la amistad y la armonía con Dios y con las demás personas. Significa una ausencia de estrés negativo, de perturbaciones, tensiones y conflictos. La bendición máxima que puede haber en nuestra vida diaria consiste en experimentar una paz tan amplia con Dios, con las demás personas y con nosotros mismos.

En el Nuevo Testamento, Pablo nos dice que el Reino de Dios es «justicia, paz y gozo en el Espíritu Santo»[46]. Experimentar esta paz significa aspirar a una vida centrada en el Espíritu y no en las cosas del mundo, porque «el ocuparse de la carne es muerte, pero el ocuparse del Espíritu es vida y paz»[47].

Esta paz está íntimamente relacionada, no solo con el Espíritu Santo, sino también con Jesucristo, que es el Príncipe de Paz. «Porque él es nuestra paz»[48]. Es una paz que nos llega gracias a que Él pagó un gran precio, porque su tarea en la tierra consistió en «hacer la paz mediante la sangre de su cruz»[49].

¿Recuerda la maravillosa promesa de nuestro Salvador? «La paz os dejo, mi paz os doy; yo no os la doy como el mundo la da. No se turbe vuestro corazón, ni tenga miedo»[50]. Es «la paz de Dios, que sobrepasa todo entendimiento»[51], algo totalmente distinto a cuanta clase de seguridad o de serenidad nos puede ofrecer el mundo.

¿Conoce gente inquieta y atribulada? ¿Tiene seres amados que no parecen poder escapar a sus torbellinos internos? Bendígalos con la bendición de la paz.

El nombre de Dios sobre nosotros

Después de impartirles estas hermosas maneras de bendecir a los sacerdotes del Antiguo

Testamento, el Señor termina con estas palabras: «Y pondrán mi nombre sobre los hijos de Israel, y yo los bendeciré»[52]. *Bendecir al pueblo con esas palabras de tanto peso era en realidad una forma de poner el Nombre de Dios sobre él.* ¡Piénselo! Por medio del acto de bendecir con estas palabras a las personas que conoce, usted las está enlazando con la belleza, la paz y el poder del Nombre del mismo Dios… el nombre que ha existido desde antes de la creación, desde antes del tiempo, y que perdurará por toda la eternidad.

Por medio de unas imágenes y expresiones asombrosas, los Salmos nos dicen que el Nombre de Dios es la fuente de nuestra salvación, de nuestro auxilio y de nuestra victoria[53], para que podamos proclamar valientemente: «Solo su nombre es enaltecido»[54]. Tenemos toda la razón cuando lo alabamos diciendo: «¡Oh Jehová, Señor nuestro, cuán grande es tu nombre en toda la tierra!»[55].

Dios, cuyo nombre es «YO SOY EL QUE SOY»[56], pone verdaderamente ese nombre santo y exaltado sobre los suyos, cuando nosotros los bendecimos con nuestras palabras. ¡Qué verdad tan increíble! ¿Qué forma podría haber que fuera más poderosa para que Él demostrara que le pertenecemos, y que somos la posesión que más atesora y más ama?

Hoy nos recuerda la visión celestial en la cual Juan vio el nombre del Cordero y el nombre de Dios Padre escritos en la frente de los que siguen a Jesús[57].El Nombre del Señor es nuestro mayor honor y orgullo, y también nuestra protección.

Cuando recordemos que «torre fuerte es el nombre de Jehová» donde los justos buscan refugio[58], estaremos ansiosos por bendecir en el Nombre del Señor a todos aquellos que necesitan su seguridad, su protección y su capacitación. Siga meditando acerca de cada una de las partes de este rico pasaje de Números 6, y pídale a Dios que le dé una sensibilidad especial hacia aquellos de entre los que le rodean, que Él quiere que usted bendiga con esas palabras. Pídale que le abra los ojos y los oídos del Espíritu a lo que Él quiere realizar en la vida de ellos. Ofrézcales la bendición del propio Dios, y con una fe confiada, espere que Él realice todas estas cosas en el momento perfecto.

El Señor lo dijo con toda claridad: «De gracia recibisteis, dad de gracia»[59].

TOME LA DECISIÓN

¿Ya está comenzando a ver por qué tanta gente ha descubierto que la bendición de Números 6:24-26 es un pasaje tan increíblemente rico y hermoso?

Tome la decisión de aprenderse de memoria estos versículos enseguida, y tenerlos escritos en el corazón para el resto de su vida como marco que lo guíe al hablar bendiciones a favor de los demás.

¿Quién le ha traído Dios a la mente mientras usted exploraba esta bendición sacerdotal? ¿Hay algún conocido suyo que necesite protección a causa de la frecuencia con que se tiene que enfrentar a la hostilidad espiritual? ¿Conoce alguien que se sienta cargado, y que necesite conocer la sonrisa y la gracia de Dios? ¿Hay alguien que se sienta agitado y atribulado, y necesite la paz del Señor? Ore por ellos ahora mismo. Y esté listo para pronunciar la bendición sobre su vida en cuanto pueda. (Le podría ser especialmente útil escribir las palabras de bendición con antelación. Es una práctica excelente).

Le sugiero también que se tome ahora un instante para explorar unos cuantos pasajes más dentro de la lista de «Pasajes bíblicos para las palabras de bendición» que se encuentra al final de este libro. Fíjese la meta de buscar todos los pasajes que hay en esa lista con el fin de familiarizarse más con los esquemas bíblicos de oración y de bendición.

Capítulo Seis

BENDECIR A NUESTROS HIJOS

El hogar es el escenario donde las bendiciones tocan con mayor frecuencia nuestro corazón y nuestra vida con fuertes repercusiones.

La mayor de tres hijas en una familia de Maryland describe el impacto inmediato que tiene en ellas el que su padre las bendiga: «Nos sienta en un círculo, pone sus manos sobre las nuestras y ora, haciendo una bendición individual para cada una de mis hermanas, para mi madre y para mí. Le pide a Dios que me dé fortaleza y sabiduría porque soy líder; ora para pedirle que guíe a mis hermanas menores en la dirección debida, junto con los niños y los adolescentes de nuestra iglesia.

»Después ora con el fin de pedir una bendición para mi hermana de catorce años, para que no siga a las amistades indebidas, y siempre tenga un espíritu amable.

»Ora para que mi hermana de once años tenga buenas amistades y manifieste un espíritu de servidora, dispuesta a ayudar en cualquier aspecto del hogar y de la iglesia.

»Cada vez que mi padre termina de bendecirnos, sucede algo muy sorprendente. Mis hermanas y yo no peleamos. Mi hermana de once años me abraza y me dice que me ama. Yo hago lo mismo con ella. Antes de recibir su bendición, no habríamos estado dispuestas jamás a hacerlo... Mis hermanas y yo nos estamos acercando cada vez más, y la oración en familia tiene mayor significado».

Los padres que caminan constantemente con el Señor y bendicen verbalmente a sus hijos con un sincero espíritu de amor, ven muchas veces un impacto inmediato.

No obstante, las Escrituras aclaran que la bendición de nuestros hijos no es ninguna fórmula mágica que garantice su bienestar espiritual o físico. David bendijo en una ocasión a su hijo Absalón, pero sus palabras cayeron en suelo duro y pedregoso, y no obtuvieron respuesta[60]. El joven se volvió contra su propio hermano para vengarse de él como un asesino, y después también contra su padre. Siempre será cierto que los hijos que bendigamos van a ser totalmente libres para decidir si quieren recibir esa bendición y vivir sabiamente, de acuerdo con ella, o no hacerle caso y volverle la espalda a Dios.

Sin embargo, dejarles a nuestros hijos la herencia de numerosas bendiciones habladas es una de las cosas más sabias y amorosas que podemos hacer por ellos.

Puede pasar mucho tiempo

Algunas veces, puede pasar mucho tiempo antes que llegue el gozo producto de la bendición de un padre.

Una joven cuyos recuerdos de la niñez eran negativos en su mayoría, escuchó un mensaje acerca de la gratitud en uno de los seminarios de nuestro ministerio. Supo que Dios quería en especial que ella lo aplicara a su relación con su padre.

«Comencé por la única cosa que se me pudo ocurrir: "Gracias, Señor, porque tengo los ojos verdes de mi padre". ¿No parece gran cosa, no es cierto? Sin embargo, fue el comienzo de un cambio que me llevó a una relación muy afectuosa con mi padre, y a grandes cambios en mi propia persona.

»A lo largo de los años, Dios me fue trayendo a la memoria más cosas por las cuales podía sentirme agradecida. Antes de darme cuenta, estaba escribiendo esas cosas, y enviándoselas a mi padre en mis cartas.

»Cuando tenía veintinueve años, me mudé a mi hogar paterno para ayudar a mi padre a cuidar de mi madre durante sus tres últimos meses de vida. Durante aquel tiempo, me debo haber encolerizado con él por algo, porque recuerdo que me le acerqué una noche, me arrodillé junto a su cama y le pedí llorando que me perdonara por mi actitud. Aquel momento significó un gran giro en nuestra relación.

»Le seguí enviando cartas de agradecimiento a mi padre, y pude ver cómo nuestra relación iba cambiando poco a poco…

»Entonces me casé con Bob, y mi madrastra pensaba que mi padre iba a tener un ataque al corazón por llevarme hasta el altar, por lo orgulloso que se sentía.

»Después de haber estado casada varios años, mi esposo y yo estábamos sentados con mi padre en nuestro portal. Mi esposo le preguntó con todo afecto a mi padre por qué era tan sarcástico. (Yo le quise dar una patada para que se callara, pero Dios tenía otros planes).

»Mi padre le explicó algo de lo que yo no me había dado cuenta. Él nunca había sabido lo que era que le dijeran "Te amo". (De hecho, recuerdo que cuando era niña, iba a la casa de mis abuelos, y veía que mi padre rodeaba con el brazo a mi abuela para abrazarla. Ella nunca reaccionaba más que para decirle: "Hola, Oliver" y para mantener la mesa llena de comida).

»Mi padre suspendió sus asignaturas en la escuela secundaria, pero después fue a la escuela de verano y se graduó. En el colegio universitario también le fue mal, así que lo dejó para unirse a la infantería de marina. Más tarde regresó al colegio universitario con la ayuda de este cuerpo, y aquel año sacó todas sus asignaturas con sobresaliente, con algunos notables más tarde. Fue admitido en la Sociedad de Química. Cuando le mencionó esto de forma espontánea a su padre, él le respondió diciéndole: "Bueno, me imagino que te crees que eres alguien importante ahora, ¿no es eso?"

»Mientras mi padre nos contaba estas cosas a mi esposo y a mí, se me comenzaron a encender luces en el corazón. Aquello causó en mí una comprensión totalmente nueva de él.

»Un día, mi esposo llegó del trabajo y me halló sentada en el suelo de la sala, con una carta de mi padre en la mano y llorando. Me preguntó si era una carta buena o mala. Yo le respondí: "Esta carta la he estado esperando cuarenta años". En la carta me decía lo orgulloso que estaba de mí. Era la bendición de mi padre.

»Hace dos años, poco antes del fallecimiento de mi padre, mi esposo y mis hijos me permitieron pasar sus últimos meses ayudando a mi madrastra a cuidar de él. Nunca me arrepentiré de haberle dado ese tiempo. No solo ayudé a cuidarlo, sino que también compartimos recuerdos y le pude decir lo mucho que lo amo».

MÁS AMOR, MÁS BENDICIÓN

¿Debemos pronunciar una bendición hablada todos los días sobre nuestros hijos? Hay padres que lo hacen, y hay buenas razones para que tratemos de adquirir el hábito de bendecirlos. Los hijos que experimentan los beneficios espirituales de las bendiciones están ansiosos por recibirlas cada vez que pueden.

Una madre dice: «Hemos notado que han sucedido varias cosas en nuestra familia al aplicar nosotros a la práctica las lecciones que hemos aprendido con respecto a la "bendición hablada". Todos nos estamos manifestando más amor entre nosotros, las actitudes se han transformado de verdad y la fe de nuestros hijos va en aumento.

«Nuestros hijos se nos acercan a nosotros para informarnos que uno de ellos necesita una bendición, porque tiene una mala actitud, o porque se está portando mal. Entonces, todos nos reunimos alrededor del "delincuente" y lo bendecimos. Con este acto, le demostramos que le tenemos un gran amor. Los niños ya no tienen necesidad de estarse delatando mutuamente, ni de tomar el asunto en sus propias manos, porque ahora tienen una solución práctica a la situación.

»Cada vez que mi esposo y yo notamos una mala actitud en uno de nuestros hijos, ese hijo recibe una bendición, y me quedo sorprendida continuamente por la forma tan rápida en que cambian sus actitudes. Algunas veces hace falta hablarles un poco, pero lo que los transforma es la bendición hablada…

»Ahora, nuestros hijos se nos acercan para pedirnos una bendición… Con frecuencia me piden que les dé una "bendición escolar", sobre todo para las matemáticas. Otra de las favoritas es la "bendición deportiva", o la ayuda con la actitud de que "no pueden echar a andar".

»Nuestro hijo de diez años me bendice varias veces al día, y todos los días. Esto es realmente emocionante».

LA SUPERACIÓN DE LA VERGÜENZA

Muchas veces, a uno de los padres le puede dar vergüenza pronunciar una bendición sobre uno de sus hijos, y también les puede resultar vergonzoso a ellos recibirla. Sin embargo, esta timidez no disminuye para nada el poder de la bendición. Y muchos pueden dar testimonio de que con el tiempo, la vergüenza desaparece, y ahora se regocijan por la bendición, y la esperan con ansias.

Hay un beneficio que acompaña a la fidelidad en impartir una bendición en familia, aunque no nos sintamos con deseos de hacerlo. Una joven criada en un hogar cristiano lleno de amor describe de qué forma la mente se le comenzó a llenar de dudas, ira y amargura al hacerse mayor. Permitió que se levantara en su corazón un muro de resentimiento y de egoísmo, dejando fuera a Dios, y también el profundo amor de su familia.

Durante aquel tiempo, su padre leyó algo acerca del poder de las bendiciones habladas y decidió poner aquello en práctica en su hogar. «Un día nos preguntó a mi hermano y a mí si estaríamos dispuestos a que oráramos y nos bendijéramos mutuamente los tres juntos. Primero, mi padre oraría para bendecirnos a mi hermano y a mí. Después nosotros oraríamos para bendecirlo a él.

»Yo no quería bendecir a mi padre. Tenía el corazón y la mente llenos de ira y desconfianza contra él, por haber permitido que entraran ciertas cosas a mi vida. (En realidad, todo aquello era obra mía).

»Mientras estábamos arrodillados los tres, mi padre me miró y con lágrimas en el rostro me dijo: "¿Por qué no me quieres bendecir? ¿Tan llena de odio y de enojo estás contra mí? Yo siempre he querido solo lo mejor para ti. Pero soy humano y cometo errores".

»Al decir aquello, ya estaba llorando, y mi hermano, que rara vez llora, tenía los ojos húmedos. Ambos comenzaron a orar y a suplicarme que ablandara el corazón y me volviera al Padre celestial. Finalmente, acepté bendecirlos a ambos.

»No recuerdo lo que dije, pero sí sé que la bendición hablada resultó ser un poderoso instrumento. Tardé unos cuantos meses antes de rendirme por completo, de manera real y definitiva, ante el altar, y enderezar mi camino. El cambio no se produjo en mí de manera instantánea, pero sí sé que cuando bendije a mi padre con mi voluntad, y a pesar de todos mis sentimientos, Dios comenzó una obra de sanidad en nuestra relación.

»Esas palabras dichas por obediencia comenzaron una gran obra y el milagro de echar abajo la fortaleza que Satanás estaba utilizando para destruir mi vida. Alabado sea Dios… porque ha usado este concepto de pronunciar una bendición para cambiar mi vida».

En el adiestramiento y la disciplina

Las bendiciones habladas tienen un valor especial en el proceso de adiestrar a los niños y darle forma a su desarrollo mientras van saliendo de la inmadurez en los distintos aspectos de la vida.

Un huérfano con problemas emocionales estaba pasando por un problema continuo de enuresis. La familia con la que estaba viviendo pronunció sobre él una bendición hablada, en la que le pedía a Dios que lo liberara de sus temores y lo bendijera con el control de sí mismo, la seguridad y la paz. Después de la primera bendición, dejó de mojar su cama.

Otro padre nos informa lo que sucedió cuando su hijo de siete años estuvo pasando por un problema de mal humor y melancolía que fue empeorando a lo largo de varios meses. «Todos los intentos que hicimos para corregir el problema, fracasaron. Habíamos llegado a un punto de exasperación». Entonces se enteraron del poder de la bendición hablada, lo cual les reveló que su hijo necesitaba una bendición.

«Reuní a nuestros otros hijos alrededor de Samuel y lo bendije. Le pedí al Señor que lo bendijera con un rostro radiante, con gozo en el corazón y una hermosa sonrisa que le ministrara a la vida de los demás. Mientras yo estaba hablando, su pequeño rostro se iluminó, sacó el pecho y comenzó a sonreír sin parar. Yo le di esa misma bendición una vez más aquella misma semana.

»Ya ha pasado medio año, y me siento muy feliz de informarle que el cambio que dio Samuel ha sido milagroso. Continúa sonriendo, su persona irradia gozo y lo primero que notamos acerca de él por las mañanas es una hermosa y radiante sonrisa y un "¡Buenos días!" repleto de entusiasmo.

»Ciertamente, esto ha sido obra del Señor, porque todos nuestros propios esfuerzos habían fracasado… Con una fe sencilla, hemos sido obedientes, y hemos presenciado el poder que tiene la bendición hablada».

Uno de los padres puede pronunciar con eficacia una bendición, incluso cuando le está administrando disciplina a un hijo. En un momento así, la bendición debe hacer resaltar el amor de

Dios por ese hijo, y los grandes propósitos que tiene para su vida.

Si bendice a su hijo durante un momento de disciplina, el padre va a recibir una gran ayuda para superar cuanto enojo o frustración sienta, y en su lugar va a tener un espíritu de paciencia y de amor. Esto ayuda a recordar que la meta primordial de la disciplina no es someter al hijo a la autoridad de los padres, sino a la autoridad de Dios.

Bendecir por fe

Las Escrituras nos dicen que tanto Isaac como Jacob bendijeron a sus hijos «por fe»[61]. Bendecir a sus hijos fue un acto de fe. Hoy en día, en nuestra propia fe, usted y yo poseemos lo que Isaac y Jacob nunca tuvieron en toda su vida: el gozo del Evangelio y del conocimiento de Cristo. Por eso, ¡con cuánta mayor razón deberíamos bendecir alegremente a nuestros hijos en el poder y la riqueza de nuestra fe en el Señor!

Esa alegría se puede expresar de manera especial en una bendición si se le añade el elemento de la música.

Una señora de Carolina del Norte recuerda lo siguiente: «Mi padre bendijo a todos y cada uno de sus ocho hijos cuando nacimos. Escribió un canto de bendición para nosotros. Nos miraba a los ojos y cantaba una pequeña tonada pegajosa en la que usaba el significado de nuestro nombre, con una exhortación que él quería que se convirtiera en realidad en nuestra vida, y un versículo bíblico relacionado con ella.

»Durante toda nuestra vida, nos ha seguido cantando nuestro canto especial… Ahora que soy mayor, me doy cuenta de lo mucho que me ha motivado esta bendición suya. Además, reconozco que no puedo convertir en realidad esa bendición por mis propias fuerzas, así que he comenzado a pedirle al Señor que cree esas cualidades en mí».

Ciertamente, los cantos suelen ser una forma muy eficaz de comunicarle una bendición a otra persona, sobre todo cuando los padres les cantan una bendición a sus hijos. Recuerde que las Escrituras nos amonestan a hablarnos unos a otros «con salmos, con himnos y cánticos espirituales, cantando y alabando al Señor en nuestros corazones»[62].La bendición es una ocasión perfecta para cumplir con este mandato.

Cuando los niños se acercaban a Jesús, Él, «tomándolos en los brazos, poniendo las manos sobre ellos, los bendecía»[63]. Bendecir a nuestros hijos es como ponérselos a Jesús en los brazos para que los levante, los abrace y los bendiga Él mismo.

TOME LA DECISIÓN

Aunque usted no sea padre ni madre, tiene la oportunidad de tocar la vida de los niños con palabras de bendición.

Piense por lo menos en un niño que conozca, algún pequeño al que le parece que el Señor querría que usted bendijera con sus palabras. Practique lo que le puede decir, escribiendo una bendición en la que puede usar los modelos y recursos que ha aprendido en este libro.

Capítulo Siete

Bendecir a nuestros enemigos

Elena era una niña de diez años, y mientras dormía en su cama una noche, un escorpión se subió hasta una de sus piernas y la picó. Ella gritó de dolor, despertando al resto de la familia.

La madre de Elena comprendió exactamente cómo se sentía su hija. A ella también la había picado un escorpión de corteza de Arizona, la especie de escorpión más venenosa que hay en el suroeste de los Estados Unidos, donde ella y su esposo eran misioneros entre las tribus de nativos americanos. El resultado de la picada que sufrió había sido un dolor terrible y una hinchazón, seguidos de debilidad general, mareos, estrechamiento de la garganta y hormigueo en los miembros durante semanas.

Sin embargo, Elena no sufrió ninguno de estos efectos. Después de la experiencia que había tenido su madre, la familia descubrió un antídoto poco usual, pero eficaz, para este tipo de emergencias: Una pequeña unidad eléctrica alimentada por baterías que había desarrollado su organización misionera, y que producía una descarga de corriente de poca intensidad y alto voltaje. Le pusieron los electrodos en la pierna a su hija y le aplicaron una descarga en el lugar de la picada. El dolor que sentía la niña la dejó de inmediato, y solo pasó por un ligero dolor temporal en el lugar por donde le había entrado el veneno.

Esta clase de antídoto eléctrico se ha utilizado con diversas clases de mordeduras ponzoñosas, con muchos resultados positivos. Aunque los médicos todavía no están totalmente seguros de la razón por la que da resultado de alguna manera, la descarga eléctrica neutraliza el veneno.

Las Escrituras nos hablan de un veneno que es peor aun. La lengua, dice Santiago, es «un mal que no puede ser refrenado, llena de veneno mortal»[64]. Y cuando el veneno de las palabras de alguien pica a otra persona, una bendición hablada puede actuar como esa descarga eléctrica para neutralizar el dolor y la destrucción.

No es nuestra reacción natural

Por supuesto, cuando alguien nos maltrata verbalmente, rara vez nuestra reacción natural consiste en responderle con una bendición. Preferiríamos mucho más responderle con nuestras propias palabras hirientes. Nuestro orgullo nos empuja a devolver ofensa por ofensa e insulto por insulto. Sin embargo, esto solo sirve para duplicar el veneno y la destrucción del maltrato original.

Con todo, sentimos que no nos podemos quedar de brazos cruzados recibiendo todo aquello; tenemos que hacer *algo*.

Dios es consciente de que existe en nosotros esa tendencia natural, y ha provisto algo al respecto. Nos ha dado una respuesta adecuada, aunque no sea la que nos brota por naturaleza. En lugar de reaccionar así, nos dice que confiemos en su gracia y en la capacitación de su Espíritu, y respondamos con palabras de bendición. Las Escrituras nos dicen: «Bendecid a los que os persiguen; bendecid, y no maldigáis»[65].

La bendición hablada a aquellos que nos hieren con sus palabras forma parte de la respuesta general que Jesús nos enseñó, según la cual siempre debemos amar a nuestros enemigos. Es una respuesta que combina las palabras amorosas con las acciones también amorosas: «Oísteis que fue dicho: Amarás a tu prójimo, y aborrecerás a tu enemigo. Pero yo os digo: Amad a vuestros enemigos, bendecid a los que os maldicen, haced bien a los que os aborrecen, y orad por los que os ultrajan y os persiguen»[66].

Si bendecimos a los que nos maltratan o nos maldicen, Dios nos va a bendecir a nosotros, y también se va a hacer totalmente responsable del castigo que haga falta en la vida de los que nos hacen daño.

«No os venguéis vosotros mismos, amados míos, sino dejad lugar a la ira de Dios; porque escrito está: Mía es la venganza, yo pagaré, dice el Señor. Así que, si tu enemigo tuviere hambre, dale de comer; si tuviere sed, dale de beber; pues haciendo esto, ascuas de fuego amontonarás sobre su cabeza. No seas vencido de lo malo, sino vence con el bien el mal»[67].

LAS HERIDAS PERMANENTES

Cuando las Escrituras hablan de bendecir a quienes nos «maldicen», esa maldición puede consistir en insultos, reproches y ofensas verbales de todo tipo que pueden recaer sobre nosotros. Muchas personas batallan durante semanas, meses e incluso años, con las consecuencias de estas maldiciones habladas. Y pueden proceder de las fuentes más inesperadas.

Antes de ir al colegio universitario, un joven estuvo trabajando durante un corto tiempo con la organización de un ministerio en Australia, y tuvo que soportar el impacto de unas observaciones poco sensibles de parte de un supervisor que le decía que era un idiota, o que no tenía habilidad alguna en la vida. No podía olvidar aquellas palabras. «Me llevé conmigo aquellas heridas al colegio universitario, y sin saberlo, me esclavicé a una maldición…

«Me comenzó a ir mal en los estudios, y me suspendieron en tres exámenes seguidos. Nunca antes había tenido problemas en mis estudios. Entonces me dediqué a ellos por completo, para no suspender ningún examen más. Perdí mi enfoque de tal modo que Dios ya no era el primero en mi vida. Había sacrificado mis relaciones con las personas, y finalmente mi tiempo con el Señor, a base de trabajar en mis proyectos y mis estudios.

»Un día, cuando estaba en las vacaciones de verano, el Señor me habló realmente. Me di cuenta de que no podía decir con sinceridad que lo amaba con todo mi corazón, alma, mente y fuerzas».

Mas o menos en aquellos momentos, este estudiante escuchó un mensaje acerca del valor que tiene bendecir a quienes nos maldicen. «Me fui a mi cuarto y cerré la puerta… Clamé a Dios, pidiendo que me bendijera, y le pedí que bendijera a mi antiguo supervisor y a su familia. Al instante, sentí como si unas cadenas se hubieran desprendido de mí. Sentí una libertad increíble que nunca antes había experimentado.

«El gozo que siento ahora es abrumador…»

Aunque la «maldición», de la clase que sea, siempre es una poderosa herramienta del mal, la bendición es una herramienta mucho más poderosa del bien.

LAS INJURIAS

Para referirse a alguien que maltrata con sus palabras, las Escrituras suelen utilizar el verbo *injuriar*. Las injurias proceden de un corazón lleno de escarnio y desprecio. Son los que vomitan la ira y el odio durante un ataque verbal dirigido a otra persona. Tienen el propósito de denigrar, difamar, llenar de vergüenza, desacreditar o atribuirle a la otra persona una motivación malvada o siniestra. Consisten en hablar con amargura acerca de alguien.

Otro aspecto de las injurias es el ridículo. Ridiculizar es reírse de la otra persona, o de sus ideas. Es mofarse, escarnecer, menospreciar a esa persona. El ridículo es una expresión del desdén. Uno de los métodos más corrientes para ridiculizar consiste en ponerle a esa persona un apodo que esté asociado con algo malvado, impopular o ridículo.

La injuria es un serio pecado ante los ojos de Dios. Pablo nos dice que no nos juntemos con ningún creyente que resulte ser un maldiciente[68], y añade también que los maldicientes se encuentran entre los que nunca heredarán el Reino de Dios[69].

El propio Jesús fue injuriado. Todos recordamos que los soldados romanos no solo lo azotaron, sino que también se burlaron de él y lo menospreciaron, y que mientras estaba clavado a la cruz, los que estaban allí mirando se burlaban y se reían de Él. «Lo mismo le injuriaban también los ladrones que estaban crucificados con él»[70].

Sin embargo, allí en la cruz, Jesús bendijo a quienes lo perseguían, orando con estas palabras: «Padre, perdónalos, porque no saben lo que hacen»[71]. «Cuando le maldecían, no respondía con maldición; cuando padecía, no amenazaba, sino encomendaba la causa al que juzga justamente»[72]. De esta forma, Jesús nos estaba señalando cuál es la respuesta correcta a los ataques de los demás.

«Pues para esto fuisteis llamados; porque también Cristo padeció por nosotros, dejándonos ejemplo, para que sigáis sus pisadas»[73].

El apóstol Pedro señala directamente que necesitamos bendecir a quienes nos injurian: «No devolviendo mal por mal, ni maldición por maldición, sino por el contrario, bendiciendo, sabiendo que fuisteis llamados para que heredaseis bendición»[74]. El apóstol Pablo sigue este mismo modelo. Por eso dice: «Nos maldicen, y bendecimos»[75].

Las recompensas inmediatas que obtenemos al bendecir a quien nos injuria, son la de estar libres de las reacciones emocionales y la de un genuino amor por el injuriador. Prácticamente todos los que hayan estado involucrados en un ministerio público de alguna clase han experimentado ataques personales. Cuando yo siento la picada venenosa de un injuriador, esto me causa una profunda angustia en la boca del estómago. Si no hago nada al respecto, esa angustia aumenta en intensidad y en angustia emocional. Pero cuando le pido a Dios en voz alta que bendiga a los que me han injuriado, puedo decir con toda sinceridad que las emociones dañinas que sentía, se disipan, y en su lugar experimento un sincero amor por el injuriador. También tengo la seguridad de que Dios me va a bendecir a mí, y se va a encargar de ese injuriador de una manera que le va a dar la gloria a Él.

Una bendición para alguien que nos maltrata

Por supuesto, el dolor y la opresión que nos hacen sentir otras personas pueden ir mucho más allá de los maltratos verbales. Pero aun así, la bendición es la respuesta bíblica.

Un adolescente de Canadá explica una batalla de once años con la depresión, que surgió a causa de un incidente sucedido a los siete años, en que una niñera abusó sexualmente de él. No pudo superar aquella lucha por medio de la consejería psiquiátrica. Escribe el adolescente: «Me ayudó hablar de mis sentimientos, pero a medida que pasaba el tiempo, el recuerdo y el dolor fueron regresando, y de una manera más profunda. Nunca me sentí realmente libre de la amargura y el sentido de culpa que tenía con respecto a aquella joven y a mí mismo».

Finalmente las cosas cambiaron gracias a que pudo hablar con un consejero que era un hombre de Dios y que buscó con él en las Escrituras: «Me contó cosas de su vida, de cómo él había sentido amargura hacia ciertas personas con las cuales había trabajado, y cómo Dios había llevado la libertad a su vida por medio de la bendición a sus enemigos.

»Después habló conmigo sobre el pasaje de Mateo 18:23-35, donde se encuentra la historia de los dos siervos que debían dinero. Me mostró que yo era como el siervo al que se le había perdonado una deuda inmensa, y después me había vuelto contra la otra sierva y me había negado a perdonarle su deuda conmigo, que era menor. Por no haber querido perdonar, me había entregado a los tormentos de la depresión y la amargura. Entonces me habló... de que podía hallar la clave a la libertad, a base de bendecirla.

»Cuando comencé a pensar en todo aquello, había una verdadera guerra dentro de mí. No me podía decidir a bendecir a aquella joven, sobre todo después de lo que me había hecho. Pero mientras más miraba aquel pasaje, más sabía en mi corazón que necesitaba bendecirla.

»Al arrodillarnos para orar, tenía el corazón tan cargado, que me fue imposible hablar. Aquel hombre oró, y le pidió al Señor que reprendiera a Satanás, a sus principados y a sus poderes sobre mi vida. Entonces, pude hablar de corazón.

»Cuando comencé a pedirle al Señor que la bendijera, la carga de culpa que había estado llevando se me comenzó a desprender de los hombros... Una vez terminada la oración, estaba libre...

»Hace ya más de un año, y unas pocas veces han vuelto a mi mente los recuerdos de aquel ataque. Sin embargo, en esos momentos he orado de nuevo y le he pedido al Señor que la bendiga, y al instante han desaparecido el dolor y la aflicción».

Cuando ha desaparecido la oportunidad

Son muchas las personas que han dado testimonio de que han podido superar años de amargura que comenzaron porque los «maldijo» o maltrató en su niñez uno de sus padres, u otro adulto, y que finalmente aquello ha sido borrado gracias a que han derramado una bendición sobre el que las había agraviado.

Ahora bien, ¿qué decir de las situaciones en las cuales la persona que nos hizo daño durante nuestra niñez ya no está viva, y por tanto, ya no tenemos la oportunidad de bendecirla personalmente?

En estos casos, *bendiga a Dios*. Bendígalo por las difíciles experiencias que tuvo con esa persona, y por la forma en que Él quiere enseñarle y purificarlo por medio de ellas. Bendígalo por la sabiduría que Él le va a dar, sabiendo que permitió esas circunstancias en su vida cuando Él lo dispuso, y con los propósitos que Él tiene. Bendígalo porque va a convertir su dolor en ternura y sensibilidad hacia los demás. Bendiga su nombre. Eso es lo que hizo Job. No bendijo su dolor y su pérdida, ni tampoco bendijo a Satanás por golpear su vida y su familia. Pero aun en los momentos de mayor destrucción, lo que dijo fue: «Sea el nombre de Jehová bendito»[76].

José también llegó a ver más allá de la forma tan dura en que lo habían tratado y sus dolorosos recuerdos, para descubrir un bien mayor y unos propósitos más elevados. Entre lágrimas, les dijo a sus hermanos arrepentidos: «Vosotros pensasteis mal contra mí, mas Dios lo encaminó a bien, para hacer lo que vemos hoy, para mantener en vida a mucho pueblo»[77]. Y así son las cosas también para todos los que somos propiedad de Dios. Él nunca va a malgastar nuestro dolor, y cuando nosotros pongamos a diario nuestra confianza en Él, nos va a moldear de tal manera que cada vez nos parezcamos más a Jesús.

TOME LA DECISIÓN

Lo más probable es que mientras leía este capítulo, Dios le ha traído a la memoria alguien que de alguna forma ha sido «enemigo» suyo, o de alguien a quien usted ama. Piense con detenimiento de acuerdo con las directrices mencionadas en el capítulo, y medite en la forma en que encajan con las demás cosas que ha ido aprendiendo en el libro. En una oración privada ante Dios, diga en voz alta palabras de bendición sobre esta persona. Y piense en la forma en que Dios quiere que usted le diga esas palabras de manera directa a esa persona cuando llegue el momento debido.

Capítulo
Ocho

Bendecir
a Dios

~~~

Es asombroso pensar que Aquel «de quien fluye toda bendición», también nos capacite para bendecirlo nosotros a Él. Sin embargo, bendecirlo es algo que nos ordena hacer.

Es más, es la razón misma por la que fuimos creados.

Bendecir a Dios es una de las formas más fuertes y significativas de adorarlo y alabarlo. No es de sorprenderse que David nos guíe en esto: «Cada día te bendeciré, y alabaré tu nombre eternamente y para siempre»[78], le dice al Señor.

Vea todas las razones que encuentra David para bendecir a su Dios:

- «Bendeciré a Jehová que me aconseja».
- «Bendito sea Jehová, mi roca, quien adiestra mis manos para la batalla, y mis dedos para la guerra».
- «Bendito sea Jehová, que oyó la voz de mis ruegos».
- «Bendito sea Jehová, porque ha hecho maravillosa su misericordia para conmigo en ciudad fortificada».
- «Bendito sea el Señor; cada día nos colma de beneficios».
- «El Dios de Israel, él da fuerza y vigor a su pueblo. Bendito sea Dios».
- «Viva Jehová, y bendita sea mi roca, y enaltecido sea el Dios de mi salvación»[79].

¿Qué decir de esos momentos en que no vemos que Dios esté haciendo cosas buenas a favor nuestro? ¿Qué decir cuando las cosas van mal? En ese caso, no tenemos ejemplo mejor que el de Job. Satanás estaba seguro de que lograría que Job maldijera a Dios a la cara[80]. Sin embargo, cuando había perdido no solo sus inmensas riquezas, sino también todos sus hijos, esto fue lo que hizo Job: «Se postró en tierra y adoró, y dijo: Desnudo salí del vientre de mi madre, y desnudo volveré allá. Jehová dio, y Jehová quitó; *sea el nombre de Jehová bendito*»[81].

Al final de la historia, cuando los incrédulos sufran el horror de ver destruida la tierra a su alrededor en el derramamiento final de la ira de Dios contra una humanidad pecadora, van a maldecirlo más que nunca antes[82]. Pero nosotros, que somos su pueblo redimido y escogido, tenemos el privilegio de bendecirlo ahora en este mundo, y también en la era venidera.

Nuestra capacidad de bendecir a los demás fluye con la mayor de las libertades cuando podemos decir con David: «Bendeciré a Jehová en todo tiempo; su alabanza estará de continuo en mi boca»[83].

BENDECIR SU NOMBRE

No hay nada más digno de recibir nuestra bendición, que el incomparable nombre del Señor, con todo lo que representa: toda su naturaleza y todo su carácter. Tampoco no hay mayor interés en el corazón del Señor, que ver que se honra su Nombre.

Bendecimos su Nombre cuando le decimos con un corazón genuino lo que Jesús nos enseñó a decir: «Santificado sea tu nombre». Y como hizo Daniel cuando Dios le reveló el contenido del sueño del rey, podemos bendecir el Nombre del

Señor, al mismo tiempo que lo alabamos por lo que es y por lo que hace:

> Sea bendito el nombre de Dios
> de siglos en siglos,
> porque suyos son el poder y la sabiduría.
> El muda los tiempos y las edades;
> quita reyes, y pone reyes;
> da la sabiduría a los sabios,
> y la ciencia a los entendidos.
> El revela lo profundo y lo escondido;
> conoce lo que está en tinieblas,
> y con él mora la luz[84].

David sabía algo de Dios: «Has engrandecido tu nombre, y tu palabra sobre todas las cosas»[85]. Por eso hizo este compromiso con Él: «Bendeciré tu nombre eternamente y para siempre»[86]. Y esto es lo que se aconsejó a sí mismo: «Bendice, alma mía, a Jehová, y bendiga todo mi ser su santo nombre»[87]. Dios quiere que lo bendigamos con todo nuestro ser, y nunca dejemos de hacerlo.

Las palabras finales de David en el libro de los Salmos constituyen este consejo para todos en la creación: «Todos bendigan su santo nombre eternamente y para siempre»[88].

TOME LA DECISIÓN

¿Comprende mejor ahora en qué consiste esto de «bendecir a Dios», y lo que puede lograr? Dedique este momento a hacer precisamente eso: Bendecir al Señor su Dios con todo el corazón, con toda el alma, con toda la mente y con todas sus fuerzas.

En el horizonte de su vida hay momentos de pruebas y de tribulaciones más graves aun que aquello que tal vez esté pasando en estos momentos. Cuando lleguen, ¿sabrá bendecirlo aun en unas circunstancias tan difíciles, sin regresar a la amargura ni a las quejas? Hable con Dios ahora mismo acerca de esto. Pídale que lo prepare para que sea fiel.

También tómese un instante para revisar de nuevo las breves secciones finales de los capítulos, llamadas «Tome la decisión». ¿Hay algún asunto sin terminar que necesite atender cuanto antes, como resultado de los compromisos que ha hecho consigo mismo y con Dios?

Y lo más importante de todo: dedique un tiempo a darle gracias concretamente al Señor por la forma en que lo va a usar en la vida de otras personas, pronunciando sobre ellas sus palabras de bendición.

UN TESTIMONIO

Phil y Teresa Apple, de Raleigh, Carolina del Norte, describen la forma en que el poder de las bendiciones habladas ha tenido unos drásticos resultados en su familia.

Mi esposa Teresa llevaba dos años y medio sufriendo de dolores crónicos e incesantes en el pecho, la espalda y el esófago, y eso no le permitía dormir más de un par de horas cada noche.

Los médicos la sometieron a baterías de pruebas para diagnosticarla, endoscopías, exploraciones y pruebas de la sangre. Los especialistas le insertaron tubos en el esófago, e incluso le extirparon la vesícula. Sin embargo, el dolor nunca cesó.

Otros médicos le recetaron una cantidad de bloqueadores del ácido que no parecía tener fin. Al final estábamos agotados a causa de una docena de medicinas nuevas que costaban miles de dólares. Ninguna de ellas había dado resultado alguno. Por último, le dijeron que todo aquello era psicosomático, que «solo lo tenía en la cabeza», y que necesitaba antidepresivos.

Mientras seguía el dolor, Teresa comenzó a creer que tenía un cáncer que no le habían descubierto, y que pronto iba a fallecer.

Ahora nos damos cuenta de que todo esto comenzó con una tragedia familiar. Mi padre, que era la verdadera figura paterna de Teresa, fue brutalmente atacado con un martillo en un intento de robo en Carolina del Norte, y quedó en estado de coma con fuertes daños en el cerebro.

Esto sucedió en 1995, y nosotros vivíamos entonces en la Florida. Teresa tenía cuatro meses de embarazo. Puesto que yo soy hijo único, la responsabilidad de cuidar a mi padre recayó en mí. Cuando por fin tuve que regresar a mi trabajo en la Florida, Teresa se quedó junto a mi padre en Carolina del Norte.

Durante todo este tiempo, los hombres que eran responsables del crimen fueron arrestados y condenados, sin que ninguno de ellos expresara una sola palabra de remordimiento.

Con alguna dificultad, logré que me transfirieran el trabajo a Carolina del Norte, para cuidar mejor de mi padre. Nos mudamos en diciembre del año 2000, pero él murió en enero de 2001. Había desaparecido la razón por la cual nos habíamos mudado. Mi esposa había dejado su grupo de apoyo de la iglesia en la Florida, en el cual llevaba catorce años. Poco después le comenzaron los dolores.

Al cabo de dos años y medio, comenzamos a oír hablar de un nuevo programa de Salud Total en Nashville. Nos inscribimos tan pronto como nuestra economía y nuestro calendario permitieron que asistiéramos ambos, en junio de 2004.

Nos sentimos encantados cuando supimos que allí iba a estar Bill Gothard en persona. En el primer día completo de sesiones, el señor Gothard se nos unió en la mesa para desayunar juntos. Casi de inmediato, miró a Teresa, que estaba al otro lado de la mesa, y le preguntó cómo se sentía. ¡Aquello bastó para abrir las compuertas!

Viendo las lágrimas que derramaba Teresa al describir la forma en que habían atacado a su suegro, el señor Gothard le dijo: «Usted tiene un dolor muy profundo. Es como un veneno que le está devorando todo su sistema». Entonces le explicó que la única forma de neutralizar ese veneno, era bendecir verbalmente al asaltante, y a todos los demás que habían participado en el incidente. Le aseguró que el poder positivo de la bendición verbal neutralizaría los tóxicos daños causados por la amargura que estaba sintiendo. Después, le dijo que debía perdonar por completo a los que la habían herido profundamente. Por último, le debía dar gracias a Dios por permitir que sucedieran estas cosas, y comenzar a hacer una lista de los beneficios que Dios quería que salieran de todo aquello.

Ansiosa por seguir estos pasos bíblicos, Teresa me tomó la mano y oramos, mientras ella seguía llorando. Después que ella oró, el señor Gothard le pidió a Dios que llevara la sanidad a su cuerpo físico, usando la autoridad espiritual que tiene el creyente sobre Satanás.

Casi de inmediato, a Teresa se le transformó el semblante. Antes de una hora, habían desaparecido todos sus dolores. Por la noche, ya no necesitó ninguna de las quince medicinas que había estado tomando con cada comida.

Al día siguiente, le informó llena de gozo al grupo entero cómo Dios la había sanado, y cómo por vez primera en dos años y medio, no tenía dolor alguno.

Apéndice

PASAJES BÍBLICOS PARA USARLOS COMO PALABRAS DE BENDICIÓN

A continuación, una útil lista de pasajes del Nuevo Testamento relacionados con oraciones, que se prestan de manera especial para adaptarlos y convertirlos en bendiciones que podemos pronunciar sobre otras personas.

Romanos 15:5-6

Romanos 15:13

1 Corintios 1:4-9

1 Corintios 16:23

2 Corintios 1:3-7

2 Corintios 2:14

2 Corintios 13:7-9

Gálatas 6:18

Efesios 1:3-10

Efesios 1:15-23

Efesios 3:14-21

Efesios 6:19-20

Efesios 6:23-24

Filipenses 1:3-6

Filipenses 1:9-11

Filipenses 4:6-8

Filipenses 4:23

Colosenses 1:3-6

Colosenses 1:9-14

Colosenses: 4:2-4

1 Tesalonicenses 1:2-3

1 Tesalonicenses 3:12-13

1 Tesalonicenses 5:23-24

1 Tesalonicenses 5:28

2 Tesalonicenses 1:11-12

2 Tesalonicenses 2:16-17

2 Tesalonicenses 3:5

2 Tesalonicenses 3:16

1 Timoteo 1:12

2 Timoteo 4:22

Filemón 1:4-7

Hebreos 13:20-21

1 Pedro 1:3-9

1 Pedro 5:10-11

2 Pedro 1:2-4

2 Pedro 3:18

2 Juan 1:3

3 Juan 1:2-3

Notas

1. Romanos 12:14, 19
2. Lucas 2:22-35
3. Lucas 2:33
4. Lucas 2:26
5. 1 Timoteo 1:11
6. 1 Timoteo 6:15
7. Romanos 1:25
8. Isaías 44:3
9. Hechos 10:38
10. Lucas 24:50-51
11. Salmo 45:2
12. Juan 1:14
13. Juan 1:16
14. Efesios 1:3
15. Proverbios 12:25
16. Proverbios 16:24
17. Proverbios 18:21
18. Santiago 3:6, 8-10
19. Lucas 6:45
20. Juan 1:1
21. Efesios 4:29
22. 2 Corintios 5:16
23. Efesios 2:10
24. 1 Pedro 2:5
25. Números 6:24-26
26. 2 Timoteo 1:7
27. 1 Juan 4:18
28. Filipenses 4:6-7
29. 2 Corintios 1:3
30. 1 Pedro 5:10
31. Romanos 15:5-7
32. Romanos 15:29
33. Apocalipsis 1:5-6
34. 1 Pedro 2:9
35. Génesis 1:27-28
36. 1 Crónicas 4:10
37. 1 Crónicas 4:10
38. Juan 17:15
39. Judas 1:24
40. Salmo 91:11
41. 1 Juan 1:5
42. 2 Corintios 4:6
43. Malaquías 4:2
44. Juan 1:9
45. Efesios 4:29
46. Romanos 14:17
47. Romanos 8:6
48. Efesios 2:14
49. Colosenses 1:20
50. Juan 14:27

51. Filipenses 4:7
52. Números 6:27
53. Salmos 44:5; 54:1; 124:8
54. Salmo 148:13
55. Salmo 8:9
56. Éxodo 3:14
57. Apocalipsis 14:1
58. Proverbios 18:10
59. Mateo 10:8
60. 2 Samuel 13:25
61. Hebreos 11:20-21
62. Efesios 5:19
63. Marcos 10:16
64. Santiago 3:8
65. Romanos 12:14
66. Mateo 5:43-44
67. Romanos 12:19-21
68. 1 Corintios 5:11
69. 1 Corintios 6:10
70. Mateo 27:44
71. Lucas 23:34
72. 1 Pedro 2:23
73. 1 Pedro 2:21
74. 1 Pedro 3:9
75. 1 Corintios 4:12
76. Job 1:21
77. Génesis 50:20
78. Salmo 145:2
79. Salmos 16:7; 144:1; 28:6; 31:21; 68:19; 68:35; 18:46
80. Job 1:11
81. Job 1:20-21
82. Apocalipsis 16
83. Salmo 34:1
84. Daniel 2:20-22
85. Salmo 138:2
86. Salmo 145:1
87. Salmo 103:1
88. Salmo 145:21

NOTAS

CUANDO LA ORACIÓN SE VUELVE PODEROSA

EL PODER DEL CLAMOR
Bill Gothard

Dios no ignora ni un suspiro que sale de nuestra boca. Pero históricamente, ¡el pueblo de Dios ha clamado más a menudo en palabras habladas que han surgido de lo profundo de su ser! Dios *escuchó* sus peticiones… y estremeció sus mundos. «Al igual que ayunar o arrodillarse, *clamar* es la manera aprobada por las Escrituras para orar con intensidad y compromiso», dice Bill Gothard. Su enseñanza convincente revolucionará la manera en que usted ora… ¡para siempre!

•499134 • 078992059X • 9780789920591